Álvaro Fonseca
Davis Brenes
Carlos Mendoza

La Era Digital en la Producción

Álvaro Fonseca
Davis Brenes
Carlos Mendoza

La Era Digital en la Producción

Estrategias para la Industria 4.0

Editorial Académica Española

Imprint

Cover image: www.ingimage.com

Publisher:
Editorial Académica Española
is a trademark of
Dodo Books Indian Ocean Ltd. and OmniScriptum S.R.L publishing group

120 High Road, East Finchley, London, N2 9ED, United Kingdom
Str. Armeneasca 28/1, office 1, Chisinau MD-2012, Republic of Moldova, Europe
Printed at: see last page
ISBN: 978-613-9-46929-1

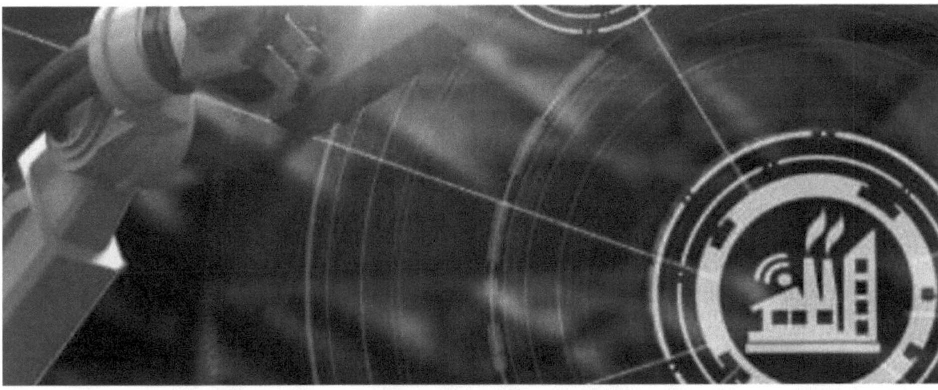

LA ERA DIGITAL EN LA PRODUCCIÓN

ESTRATEGIAS PARA LA INDUSTRIA 4.0

AUTORES

ÁLVARO FONSECA
DAVIS BRENES
CARLOS MENDOZA

Índice

Para el Lector

En este libro, te invitamos a un recorrido fascinante por el corazón de la Era Digital y su impacto transformador en la Industria 4.0. Este viaje va más allá de lo técnico; está diseñado para mostrarte, de forma clara y accesible, cómo la tecnología está revolucionando la producción en todos los niveles. Aquí, entenderás cómo herramientas como la inteligencia artificial, el Internet de las cosas (IoT), y la automatización están cambiando no solo la manera en que trabajamos, sino también la forma en que concebimos la producción misma. Queremos que sientas este avance no como un desafío intimidante, sino como una oportunidad emocionante para evolucionar y alcanzar nuevas posibilidades en el mundo laboral.

La estructura del libro te guiará paso a paso. Comenzamos con los conceptos básicos para cimentar una comprensión sólida de lo que significa la Industria 4.0 y cómo se diferencia de los modelos industriales anteriores. En esta primera parte, descubrirás las bases que te permitirán comprender el cambio de paradigma que estamos viviendo. A medida que avanzas, cada capítulo profundiza en estrategias específicas y aplicaciones prácticas, aportando ejemplos y estudios de casos que te ayudarán a visualizar cómo estos conceptos se aplican en el mundo real. Aquí no solo verás teoría; cada página busca darte las herramientas necesarias para imaginar y aplicar estos conocimientos en diferentes contextos productivos. Al final del recorrido, encontrarás una reflexión sobre el futuro de la industria y una invitación a participar activamente en esta transformación, integrando en tu vida profesional lo aprendido aquí.

Este libro no solo pretende informarte; también está pensado para inspirarte, motivarte y animarte a sumarte a la evolución digital que nos rodea. En cada página, hemos incluido reflexiones que te ayudarán a comprender no solo el "cómo" de la digitalización, sino también el "por qué". Porque detrás de cada avance, hay personas como tú y como yo que hacen posible esta transformación. Queremos que sientas que formas parte de algo más grande y que tus habilidades y conocimientos pueden marcar una diferencia significativa en este nuevo entorno. Prepárate para sumergirte en el fascinante mundo de la innovación y la tecnología, y recuerda que esta evolución está al alcance de tus manos. ¡Bienvenido a esta aventura en la Era Digital!

Introducción

La transformación digital ha revolucionado la manera en que las industrias operan, y la llegada de la Industria 4.0 marca un hito significativo en este proceso. Este libro explora a fondo los conceptos, tecnologías, desafíos y oportunidades que definen esta nueva era industrial. A medida que la tecnología avanza, la integración de sistemas físicos y digitales se convierte en un imperativo para las empresas que buscan mantenerse competitivas en un entorno global en rápida evolución.

La Industria 4.0 no se limita a la automatización de procesos; implica una profunda reconfiguración de la forma en que las organizaciones piensan sobre la producción, la cadena de suministro y la interacción con los clientes. Tecnologías como el Internet de las Cosas (IoT), la inteligencia artificial (IA), la analítica de datos y la robótica están cambiando no solo la forma en que se producen bienes y servicios, sino también cómo se gestionan y se distribuyen.

Este libro se estructura en varios capítulos que abordan diferentes aspectos de la Industria 4.0. Comenzamos con una introducción a los conceptos fundamentales y las tecnologías clave que la sustentan, seguido de un análisis del impacto que estas innovaciones tienen en la sostenibilidad y la eficiencia operativa. También discutimos los desafíos que enfrentan las empresas en la implementación de estas tecnologías, incluyendo la ciberseguridad, la resistencia al cambio y la inversión inicial necesaria para la transformación.

Además, se examinan las tendencias futuras que darán forma a la Industria 4.0, como la inteligencia artificial avanzada y los gemelos digitales, y se discute el papel crucial de la educación y la formación en la preparación de una fuerza laboral que pueda prosperar en este nuevo entorno.

En conclusión, este libro busca proporcionar una guía integral para entender y navegar en el complejo paisaje de la Industria 4.0. A través de estudios de caso, análisis de tendencias y referencias a la literatura actual, los lectores adquirirán una comprensión profunda de cómo la transformación digital está redefiniendo el futuro de la producción y el negocio, y cómo pueden participar activamente en esta evolución. La Industria 4.0 no es solo una tendencia pasajera; es un cambio de paradigma que ofrece tanto desafíos como oportunidades, y es esencial para cualquier organización que aspire a tener éxito en el siglo XXI.

4.0
INDUSTRY
CAPITULO 1
3.0
INDUSTRY
INTRODUCCIÓN
A LA INDUSTRIA 4.0
1.0
INDUSTR

Capítulo 1: Introducción a la Industria 4.0

La Industria 4.0 representa la cuarta revolución industrial, caracterizada por la integración de tecnologías digitales y físicas en los procesos de producción y en los modelos de negocio a nivel global. Este capítulo ofrece una visión general de los conceptos clave, las tecnologías subyacentes, su impacto en la sostenibilidad, los desafíos de implementación y las perspectivas futuras de la industria.

Definición y Conceptos Clave

La Industria 4.0 se refiere a un nuevo paradigma de producción que integra tecnologías avanzadas como el Internet de las Cosas (IoT), la inteligencia artificial (IA), la robótica, y el Big Data en los procesos industriales. Este enfoque promueve la automatización de procesos, la interconexión de sistemas y la capacidad de respuesta en tiempo real, lo que permite a las empresas adaptarse rápidamente a cambios en el mercado y mejorar la eficiencia operativa. En este contexto, la personalización de productos y servicios se vuelve más accesible, lo que a su vez mejora la experiencia del cliente. El concepto abarca no solo la producción, sino también el diseño, la logística, la cadena de suministro y la gestión del ciclo de vida del producto.

Tecnologías Clave de la Industria 4.0

Las tecnologías clave de la Industria 4.0 se refieren al conjunto de tecnologías avanzadas que están impulsando la transformación de la manufactura y otros sectores industriales en la Cuarta Revolución Industrial. Estas tecnologías, que incluyen la Internet de las cosas (IdC), los macrodatos y el análisis de datos, la inteligencia artificial (IA), los sistemas ciberfísicos (SFC), la robótica, la fabricación aditiva (impresión 3D), la realidad aumentada (RA), la realidad virtual (RV) y la computación en la nube, están reconfigurando los procesos de producción tradicionales, mejorando la eficiencia y permitiendo una toma de decisiones más inteligente basada en datos. Su integración fomenta un cambio de paradigma en la manufactura, facilitando el surgimiento de fábricas inteligentes y sistemas de producción autónomos que responden dinámicamente a las demandas del mercado y los desafíos operativos.

La importancia de estas tecnologías radica en su capacidad de crear entornos interconectados donde las máquinas, los sistemas y las personas trabajan en colaboración para mejorar la productividad y la innovación. Por ejemplo, el IoT permite la recopilación y el análisis de datos en tiempo real, lo que, combinado con el Big Data y la IA, mejora el mantenimiento predictivo y la optimización operativa.

La robótica y la automatización se emplean cada vez más para gestionar tareas complejas y mejorar la seguridad, mientras que la fabricación aditiva promueve la personalización y la reducción de residuos en los procesos de producción. Sin embargo, la adopción generalizada de estas tecnologías también plantea desafíos, como las preocupaciones por la ciberseguridad, la necesidad de estandarización y el posible desplazamiento de puestos de trabajo debido a la automatización.

Las controversias en torno a las tecnologías clave de la Industria 4.0 suelen centrarse en las implicaciones de la automatización para el empleo y las consideraciones éticas de la privacidad y la seguridad de los datos. Los críticos sostienen que una mayor dependencia de la IA y la robótica puede conducir a pérdidas significativas de empleos, en particular en sectores poco cualificados, mientras que los defensores afirman que estas tecnologías crearán nuevas oportunidades laborales y mejorarán la calidad general del trabajo.

Además, las preocupaciones sobre las violaciones de datos y el uso ético de la IA están impulsando debates sobre la necesidad de marcos regulatorios que garanticen el despliegue responsable de estas tecnologías en entornos industriales.

A medida que las industrias continúan atravesando las complejidades de la transformación digital, la integración de las tecnologías clave de la Industria 4.0 es esencial para mantener la competitividad y fomentar el crecimiento sostenible. La investigación y el desarrollo en curso en estas áreas prometen mejorar aún más las capacidades operativas e impulsar la innovación en varios sectores, allanando el camino para un panorama industrial más interconectado y eficiente.

Internet de las cosas (IoT)

Internet de las cosas (IoT) es una red transformadora de dispositivos físicos interconectados que están equipados con sensores, software y funciones de conectividad, lo que les permite recopilar e intercambiar datos a través de Internet o redes privadas. Por Kevin Ashton en 1999, el concepto ha cambiado significativamente evolucionado y ganado tracción al otro lado de diversas industrias, influyendo cómo nosotros vivir y trabajar hoy.

El Internet de las cosas (IoT) abarca una amplia gama de aplicaciones, entre las que se incluyen hogares inteligentes, monitoreo de la atención médica, automatización industrial y sistemas de transporte. Su capacidad para crear un entorno integrado e interconectado facilita la automatización, la optimización y el monitoreo en tiempo real, mejorando la toma de decisiones y las experiencias de los usuarios en la era digital.

La creciente importancia de la IoT es evidente en su integración en la Industria 4.0, donde actúa como un facilitador crucial para una mayor automatización y eficiencia en los procesos de fabricación.

Internet industrial de las cosas (IIoT)

Si bien el IoT suele asociarse con dispositivos de consumo, el Internet industrial de las cosas (IIoT) se centra en las tecnologías conectadas dentro de entornos industriales. El IIoT emplea sensores y máquinas inteligentes para optimizar las operaciones, predecir fallas de equipos y mejorar el seguimiento de activos en fábricas y almacenes. Esta aplicación del IoT no solo mejora la productividad, sino que también impulsa la innovación al permitir la colaboración entre humanos y robots (cobótica) y los procesos automatizados.

Aplicaciones en la fabricación

El Internet de las cosas (IoT) está revolucionando la industria manufacturera al permitir fábricas inteligentes que aprovechan tecnologías avanzadas como la inteligencia artificial (IA), el aprendizaje automático (ML) y la computación en la nube. Estas tecnologías facilitan el análisis de datos en tiempo real y el mantenimiento predictivo, lo que ayuda a los fabricantes a optimizar la producción, mejorar el control de calidad y reducir el tiempo de inactividad.

Fortune Business Insights estima que el mercado de IoT en la fabricación se valoró en USD 27,8 mil millones en 2018 y se proyecta que alcance los USD 452,27 mil millones para 2032, lo que demuestra una tasa de crecimiento anual compuesta (CAGR) del 22,1 %.

Desafíos y direcciones futuras

A pesar de los posibles beneficios, el panorama de la IoT enfrenta desafíos, en particular en lo que respecta a la estandarización universal. La falta de estándares comunes puede generar un mercado fragmentado, lo que dificulta que los fabricantes seleccionen soluciones de IoT adecuadas y garanticen la interoperabilidad entre dispositivos.

Las investigaciones futuras son cruciales para abordar estas barreras, explorar los facilitadores y desarrollar estrategias que aprovechen la IoT para lograr una innovación y una eficiencia continuas dentro del sector manufacturero.

A medida que el ecosistema de IoT continúa evolucionando, su integración con tecnologías emergentes promete desbloquear más aplicaciones y beneficios transformadores en diversas industrias.

Big Data y análisis

El Big Data desempeña un papel fundamental en el ámbito de la Industria 4.0, ya que abarca conjuntos de datos vastos y complejos que los métodos tradicionales tienen dificultades para gestionar de forma eficaz. La capacidad de procesar y analizar estas inmensas cantidades de datos genera información valiosa que mejora significativamente los procesos de fabricación y la toma de decisiones. apalancamiento avanzado computación capacidades, las empresas pueden transformar datos sin procesar en procesable inteligencia, que es crucial para optimizando Operaciones y mantenimiento de la ventaja competitiva.

La integración de Big Data en Tecnologías de la industria 4.0 facilita optimizados procesos destinado a mejorar fabricación eficiencia y atención al cliente Servicio. Por ejemplo, datos generados de varias fuentes, incluyendo Internet de las cosas sensores en fábrica Pisos, datos de ventas y ambientales. factores, pueden analizarse a mejorar calidad de producción y agilidad logística.

Además, análisis de datos en tiempo real permite fabricantes a asegurar operacional continuidad, como cualquier El tiempo de inactividad puede generar sustanciales costos.

La gestión de Big Data implica varios desafíos, en particular pendiente a él escarpado Volumen y complejidad de Los datos. Las organizaciones deben implementar herramientas sólidas de almacenamiento, gestión y análisis de datos para manejar estos conjuntos de datos de manera eficaz. incluye Utilizando nube computación para escalable Soluciones mientras Navegando el imprevisible externo ambiente eso caracteriza moderno fabricación.

Ciberseguridad también se convierte en un crítico preocupación, como interconectada elegante sistemas aumentar vulnerabilidad a violaciones de datos y operativas amenazas, que requieren riguroso seguridad medidas.

Integración con Big Data

La eficacia de la IA y el ML en la fabricación se mejora aún más con la integración de análisis de Big Data. Esta integración permite a los fabricantes crear una visualización integral de sus operaciones, lo que les permite identificar cuellos de botella, predecir la demanda e implementar planes de mantenimiento estratégicos.

La sinergia entre la IA y el Big Data permite a los fabricantes tomar decisiones informadas, lo que genera importantes ganancias en eficiencia y productividad.

Desafíos y consideraciones

A pesar de los posibles beneficios, la implementación de IA y ML en la fabricación enfrenta desafíos, principalmente relacionados con la calidad y la integración de los datos. Las investigaciones indican que muchos fabricantes tienen problemas con la calidad inadecuada de los datos y la mala gobernanza de los mismos, lo que dificulta el desarrollo de casos de uso de IA eficaces.

Garantizar que los activos de producción generen datos fiables y utilizables es fundamental para la implementación exitosa de tecnologías de IA en entornos de fabricación.

Robótica y automatización

La robótica se ha convertido en un elemento fundamental La tecnología en el implementación de Industria 4.0, marcando una nueva era de manufactura inteligente donde los robots colaboran con tecnologías digitales como la inteligencia artificial (IA) y la Internet de las cosas (IoT) (IoT) a mejorar Productividad y eficiencia en la fabricación procesos.

La integración de Robótica no solo automatiza Tareas complejas y repetitivas también Facilita un cambio de paradigma hacia una economía más sostenible y rentable.

Tipos de robótica en la fabricación

Robots industriales

Los robots industriales son el tipo de robots más utilizado en entornos de fabricación. Se caracterizan por su alta precisión y su capacidad de funcionar de forma continua sin interrupciones. Entre sus aplicaciones más habituales se encuentran tareas como soldadura, pintura y montaje.

Estos robots significativamente mejorar velocidad y precisión, contribuyendo a mejorado operacional eficiencia.

Robots colaborativos

Robots colaborativos, los robots están diseñados a trabajar junto con operadores humanos, mejorando la seguridad y la eficiencia en los flujos de trabajo. Equipado con avanzado sensores que los robots pueden detectar la presencia de Los humanos y adaptarse sus movimientos En consecuencia, haciendo a ellos adecuado para tareas eso requerir interacción con trabajadores humanos, como en el embalaje y la manipulación de materiales.

Robots móviles

Los robots móviles navegan, fábrican pisos o almacenes independientemente, utilizando sensores y cámaras para evitar obstáculos. Son particularmente eficaz Para manipulación de materiales, transporte e inventario. Los robots móviles son visto como un potencial reemplazo para tradicionales sistemas como fijado transportador cinturones y convencionales automatizado guiado vehículos AGV (vehículos guiados automáticos) en logística.

Las predicciones indican que para 2025, los robots logísticos autónomos superarán el uso de AGV convencionales en entornos de fabricación.

Capacidades de automatización avanzadas

La automatización está evolucionando para incorporar tecnologías más sofisticadas, como la automatización cognitiva y la toma de decisiones basada en datos. Los robots se integran cada vez más con la IA y el aprendizaje automático para realizar tareas complejas de forma autónoma, lo que conduce a una mayor eficiencia en los procesos logísticos y de fabricación. Por ejemplo, los robots pueden realizar de forma autónoma tareas de selección, embalaje e inspección de calidad, optimizando así todo el flujo de trabajo de producción.

Además, el uso de la tecnología de gemelos digitales permite realizar pruebas virtuales y optimizar los sistemas robóticos antes de su implementación en aplicaciones del mundo real.

Impacto de la Industria 4.0 en la Sostenibilidad

El impacto de La industria 4.0 en sostenibilidad se refiere a el significativo Transformación en las prácticas industriales y de fabricación impulsado por la integración de avanzado Tecnologías destinado a mejorar Productividad, eficiencia y medio ambiente responsabilidad. Caracterizado por la interconexión de físico, digital y biológico sistemas, esta nueva era del desarrollo industrial promueve la aparición de elegante Fábricas y negocios innovadores modelos eso capitalizar sobre datos en tiempo real, automatización y recursos gestión capacidades. A medida que las industrias globales aumentan adoptar estas tecnologías, su influencia en La sostenibilidad se ha convertido en un aspecto fundamental enfocar para Investigadores, responsables políticos y empresas similares.

La notable importancia de La Industria 4.0 reside en su doble potencial a optimizar producción procesos mientras Abordar problemas ambientales urgentes preocupaciones. Tecnologías como Internet de las cosas Cosas (IoT), Inteligencia Artificial (IA) y avanzada analítica facilitar mejorado energía eficiencia , recurso gestión y residuos reducción , posicionamiento empresas a contribuir afirmativamente a ambiental sostenibilidad objetivos . Para instancia, inteligente fabricación prácticas tener estado mostrado Para reducir la energía consumo hasta en un 30% en específico aplicaciones, subrayando el ambiental beneficio de la transformación digital en entornos industriales.

Sin embargo, la integración de las tecnologías de la Industria 4.0 no está exenta de desafíos y controversias. Los costos iniciales de implementación, la necesidad de volver a capacitar a la fuerza laboral y las preocupaciones por el aumento del consumo de energía en ciertos contextos han provocado debates sobre el impacto neto general de estos avances en la sostenibilidad. Los críticos argumentan que mientras la digitalización de La fabricación puede conducir a eficiencias, se puede también exacerbar energía exige y complica recurso gestión si no con cuidado regulado.

En resumen, el impacto de La industria 4.0 en sostenibilidad encapsula Tanto oportunidades transformadoras como críticas desafíos. A medida que las industrias navegan este cambio tecnológico, el imperativo para prácticas sostenibles será central para cuenta de todos los beneficios de avanzada fabricación mientras mitiga posibles efectos adversos en el medio ambiente y sociedad.

Impacto Ambiental

La integración de Tecnologías de la industria 4.0 está preparado para de modo significativo influencia ambiental sostenibilidad a través de mejorado energía eficiencia y recursos gestión. La operacional demanda de La industria 4.0 requiere Producción configurable dinámicamente procesos que se esperan a aumentar primario energía consumo en la industria manufacturera entornos.

Sin embargo, esto digitalización también ofertas oportunidades para energía ahorros, con informes indicando eso Las herramientas de software de optimización pueden reducir el consumo de energía. consumo Hasta un 30 % en robótica industrial aplicaciones.

El potencial de optimización energética se ve respaldado además por estrategias de asignación inteligente de energía que utilizan análisis de big data para mejorar la gestión energética general en todos los sistemas de fabricación.

Impacto económico

El impacto económico de la Industria 4.0 es multifacético y abarca diversas dimensiones que influyen en la eficiencia, el ahorro de costes y el rendimiento general de la empresa. Uno de los principales beneficios económicos de la Industria 4.0 es el potencial de ahorro significativo mediante una planificación más precisa y plazos de entrega más cortos, que mejoran la eficiencia energética y reducen los costes operativos.

Al integrar tecnologías avanzadas como la Internet industrial de las cosas (IIoT) y el modelado de simulación por computadora, las empresas pueden estimar mejor los beneficios financieros y la efectividad económica, que tradicionalmente planteaban desafíos debido a su naturaleza costosa.

Eficiencia de costos y gestión de recursos

Las tecnologías de la Industria 4.0 contribuyen a mejorar la gestión de los recursos y la rentabilidad. La digitalización y la automatización de los procesos permiten el seguimiento y el control en tiempo real, lo que se traduce en una reducción de los desechos de fabricación y en mejores patrones de consumo energético.

Por ejemplo, la implementación de soluciones de fabricación inteligente puede conducir a una reducción sustancial de los desechos; hay estudios que indican que el desperdicio de materiales puede disminuir hasta en un 25 % tras la adopción de tecnologías específicas.

Crecimiento de ingresos y nuevos modelos de negocio

La integración de tecnologías digitales y físicas también abre vías para el crecimiento de los ingresos mediante la creación de nuevos resultados comerciales. Las empresas pueden desarrollar modelos comerciales disruptivos, como vender la funcionalidad del producto en lugar de simplemente el producto tangible, lo que puede mejorar la satisfacción y la lealtad del cliente al tiempo que promueve la sostenibilidad.

Este cambio no solo genera nuevas fuentes de ingresos, sino que también se alinea con las iniciativas de sostenibilidad al fomentar la eco innovación y el uso de materiales más livianos y sostenibles en el diseño de productos.

Consideraciones económicas a largo plazo

Desde una perspectiva a largo plazo, la adopción de tecnologías de la Industria 4.0 requiere una reevaluación de la dinámica de la fuerza laboral. A medida que aumenta la automatización, las empresas enfrentan desafíos relacionados con el desplazamiento de puestos de trabajo y la necesidad de mejorar las habilidades de los empleados existentes.

Los gerentes reconocen la importancia de los programas de capacitación para dotar a la fuerza laboral de las habilidades necesarias para adaptarse a las nuevas tecnologías y mantener la competitividad en un mercado en rápida evolución.

Este centrarse en habilidad desarrollo es crítico para Fomentando una economía sostenible negocio ambiente que equilibra la economía crecimiento con responsabilidad social.

Impacto social

El adviento de La industria 4.0 es transformando no solo económico Paradigmas, pero También las estructuras sociales y la fuerza laboral dinámica. Este cambio abarca varios elementos, incluidos mejorada seguridad del trabajador, trabajo satisfacción y bienestar social, liderando hacia una sociedad más inclusiva y equitativa trabajar ambiente.

Seguridad y capacitación de los trabajadores

Tecnologías como la Aumentada Realidad (RA) y Mixta La realidad (MR) tiene de modo significativo mejorado la eficiencia de Capacitación de los trabajadores y protocolos de seguridad. Proporcionando orientación en tiempo real durante tareas, estas Tecnologías ayudar a reducir errores y aumentar la calidad de fabricado productos, por lo tanto, fomentando una vida más segura lugar de trabajo ambiente.

La integración de estos Las tecnologías también tienen Contribuido hacia la sostenibilidad social por minimizando lugar de trabajo peligros y mejora el Experiencia de formación general para empleados.

Empleado Compromiso y desarrollo

Compromiso del personal es crítico para exitoso transformaciones asociado con Industria 4.0. Las organizaciones que priorizan la participación de los trabajadores en el proceso de toma de decisiones suelen obtener mejores resultados durante sus iniciativas de transformación digital. Esta participación se facilita mediante iniciativas que promueven el aprendizaje y el desarrollo, empoderando a los empleados para que adquieran nuevas habilidades necesarias para adaptarse a los cambios tecnológicos.

Por ejemplo, las empresas se están centrando en el desarrollo de habilidades específicas para cada puesto de trabajo, lo que es crucial para mejorar los niveles de vida y aumentar el ingreso per cápita en la fuerza laboral.

Bienestar económico y social

El impacto social de La industria 4.0 se extiende a Más amplio económico mejoras, particularmente en el desarrollo países. El énfasis en creando elegante Soportes para fábricas y redes empresariales sostenible prácticas que puedan aliviar la pobreza extrema y promover dignidad e igualdad Dentro de un ambiente saludable ambiente.

Con el potencial para significativos avances en las empresas sociales responsabilidad, las iniciativas de la Industria 4.0 pueden conducir a mejor laboral condiciones y mejoras trabajo satisfacción, por lo tanto Mejorando el en general calidad de vida para trabajadores.

Desafíos y consideraciones

A pesar de los impactos sociales positivos, hay desafíos que deben abordarse. El cambio hacia procesos más automatizados puede dar lugar a la pérdida de puestos de trabajo en ciertos sectores, lo que hace necesarios sólidos programas de reciclaje profesional para preparar a la fuerza laboral para nuevos roles dentro del cambiante panorama industrial.

Además, el equilibrio entre la contratación de nuevos talentos y la capacitación de los empleados existentes varía según la región, y existen diferentes perspectivas sobre el mejor enfoque para la transformación de la fuerza laboral.

La implementación de tecnologías de la Industria 4.0 presenta numerosos desafíos y riesgos que pueden afectar la sostenibilidad ambiental. A medida que las organizaciones integran tecnologías inteligentes y conectadas en sus procesos de fabricación, se enfrentan a desafíos ambientales inherentes que requieren un monitoreo y una adaptación constantes de los procesos de producción para satisfacer las nuevas demandas de consumo de energía y gestión de recursos.

Desafíos ambientales

La transición a la Industria 4.0 a menudo implica inversiones sustanciales en nueva maquinaria, sensores y sistemas informáticos avanzados. cambios Puede conducir a aumentó primario energía consumo, lo que entraña riesgos a ambiental sostenibilidad si no administrado eficazmente.

La integración de Ciber físico Demandas de sistemas (CPS) no solo financiero recursos, pero También un significativo compromiso a infraestructura desarrollo, que puede cepa natural y artificial recursos.

Además, si bien la digitalización ofrece oportunidades de ahorro energético a través de software de optimización e integración de IoT, el posible aumento en el uso de materiales y la complejidad operativa podrían socavar estos beneficios, lo que generaría impactos ambientales negativos.

La tensión entre la promesa de eficiencia energética y la realidad de mayores demandas energéticas refleja la naturaleza dual de estos avances tecnológicos.

Análisis basado en escenarios

Para comprender mejor los impactos a largo plazo de la Industria 4.0, se ha empleado un enfoque basado en escenarios para identificar varios futuros potenciales en función del diferente cumplimiento de los objetivos de desarrollo sostenible (ODS).

Estos escenarios ilustran cómo factores como la adaptación tecnológica y la asignación de recursos pueden crear caminos divergentes hacia la sostenibilidad. Por ejemplo, mientras que algunos escenarios predicen un impacto positivo en la sostenibilidad durante las fases operativas, otros sugieren resultados negativos durante la etapa de implementación debido a las grandes demandas de recursos de la implementación inicial.

Implicaciones sociales

La dimensión social de la Industria 4.0 también presenta desafíos. El compromiso de la fuerza laboral es fundamental para una transformación exitosa; sin él, las empresas pueden tener dificultades para ampliar sus iniciativas.

Los empleados no sólo deben adaptarse a las nuevas tecnologías, sino también contribuir a una cultura de sostenibilidad dentro de la organización. percepción eso trabajo seguridad Puede verse comprometida y puede llevar a resistencia entre trabajadores, más complicando la implementación proceso.

Por lo tanto, abordar El elemento humano: garantizar eso tecnológicos avances alinear con el Valores y necesidades de empleados — es básico a logrando sostenible Resultados en la Industria 4.0. Organizaciones debe Priorizar la creación de significativos lugares de trabajo eso no solo centrarse en tecnológica transformación, pero también mejorar el bienestar de su fuerza de trabajo, por lo tanto, Fomentando un modelo más sostenible operacional ambiente.

Estudios de casos

Panorama de las implementaciones de la Industria 4.0

Las tecnologías de la Industria 4.0 se han aplicado en diversos entornos de fabricación para mejorar la sostenibilidad mediante una mayor eficiencia y un menor impacto ambiental. Estas implementaciones sirven como estudios de caso fundamentales para ilustrar los beneficios prácticos y los desafíos asociados con la adopción de prácticas de fabricación avanzadas.

La fábrica inteligente de Infineon

Ubicada en Dresde , Alemania , Infineon elegante fábrica vitrinas uno del mayoría inteligente fabricación redes A nivel mundial . Esto instalación se especializa en la producción de semiconductores y emplea Más de 200 robots para ayudar en la producción, por lo tanto, Mejorando fabricación eficiencia y precisión.

Todos los sistemas de la fábrica están interconectados a través de una infraestructura de TI avanzada, lo que permite la comunicación y la gestión de datos en tiempo real. Esta integración facilita una mejor gestión de los recursos y minimiza el consumo de energía, lo que contribuye aún más a las prácticas de fabricación sostenibles.

Grupo Haier

El Grupo Haier en Qingdao, China, es otro ejemplo destacado de cómo las tecnologías de la Industria 4.0 mejoran la sostenibilidad. compañía utiliza un sistema descentralizado fabricación acercarse eso empodera a las unidades locales a hacer independientes decisiones, optimizando producción basado bajo demanda en tiempo real.

Fábrica de velocidad de Adidas

De Adidas La fábrica Speed Factory en Ansbach, Alemania, representa un cambio hacia una mayor sostenibilidad. producción a través de El uso de avanzado fabricación tecnologías. Por Adoptar una red fabricación modelo, Adidas ha sido capaz para reducir los plazos de entrega y mejorar producto personalización mientras minimizando impactos ambientales asociados con la producción en masa.

La integración de herramientas digitales permite a Adidas responder rápidamente a mercado cambios, líderes A más responsable consumo patrones.

Johnson & Johnson DePuy Síntesis

En Irlanda, la división DePuy Synthes de Johnson & Johnson ha implementado tecnologías de la Industria 4.0 para optimizar las operaciones y mejorar la calidad de los productos. solicitud de análisis de datos en tiempo real permite la compañía Para monitorear la producción procesos de cerca, reduciendo la probabilidad de Defectos y desperdicios.

Este centrarse en calidad y eficiencia no solo apoya sostenibilidad, pero también mejora en general competitividad en el sector salud.

Futuro de la Industria 4.0

El futuro de La Industria 4.0 representa un cambio transformador en las prácticas industriales y de fabricación, caracterizado por el integración de tecnologías digitales avanzadas como la inteligencia artificial (IA), la Internet de las cosas Cosas (IoT) y robótica en tradicional producción procesos . Esto Cuarta revolución industrial objetivos a crear Más inteligente, más eficiente e interconectada fabricación sistemas, fundamentalmente alterando cómo Los bienes se producen y se entregan al otro lado de varios sectores. Como organizaciones adaptar a estas innovaciones, la trascendencia para operacional eficiencia, sostenibilidad y la Las necesidades de la fuerza laboral son profundas, lo que hace que este Tema destacado en las discusiones acerca de El futuro de Trabajo y economía crecimiento. La industria 4.0 abarca varios llave componentes, incluidos análisis de datos, automatización y descentralización toma de decisiones, todo de cual contribuir a mejorado Productividad y recursos optimización. Por Al aprovechar los datos en tiempo real y el aprendizaje automático, los fabricantes pueden lograr mayor que flexibilidad y capacidad de respuesta a mercado demandas mientras Mejorando Control de calidad y reducción residuos. Se espera que la integración de estas tecnologías redefina los paradigmas de fabricación tradicionales, allanando el camino para las fábricas inteligentes y reconfigurando las cadenas de suministro a nivel mundial. Además, las iniciativas de sostenibilidad se están volviendo cada vez más parte integral de la Industria 4.0, y las empresas buscan reducir su impacto ambiental a través de prácticas ecoeficientes habilitadas por las tecnologías digitales. Sin embargo, la transición a la Industria 4.0 no está exenta de desafíos y controversias. Las preocupaciones sobre el desplazamiento de puestos de trabajo debido a la automatización y la necesidad de volver a capacitar a los trabajadores han surgido como problemas importantes en el discurso en torno a esta revolución industrial. Además, las empresas enfrentan obstáculos relacionados con la implementación tecnológica, los riesgos de ciberseguridad y la ausencia de regulaciones estandarizadas que podrían facilitar una integración más fluida de los nuevos sistemas. Estos factores subrayan la complejidad de la adopción de tecnologías de la Industria 4.0 y resaltan la necesidad de una planificación estratégica y la participación de las partes interesadas en este panorama de rápida evolución. A medida que la Industria 4.0 continúa avanzando, las empresas se enfrentan a obstáculos relacionados con la implementación tecnológica, los riesgos de ciberseguridad y la ausencia de regulaciones estandarizadas que podrían facilitar la integración más fluida de los nuevos sistemas. Estos factores subrayan la complejidad de la adopción de tecnologías de la Industria 4.0 y destacan la necesidad de una planificación estratégica y la participación de las partes interesadas en este panorama de rápida evolución, desarrollar, su trascendencia para empleo, sostenibilidad ambiental y económica resiliencia Será crítico áreas de enfoque. El futuro promete una gama de nuevo trabajo oportunidades junto a él aparición de avanzado roles de fabricación, enfatizando la importancia de continuo aprendizaje y adaptación. En definitiva, el futuro de La industria 4.0 está preparado para remodelar no solo el sector manufacturero, pero también más amplia economía, creación caminos para Innovación y crecimiento eso definirá el paisaje industrial para años por venir.

Histórico Contexto

La evolución de las prácticas industriales ha sufrido significativo transformaciones, en particular durante La Revolución Industrial, que es comúnmente segmentario en dos distinto fases: la Primera y segunda revolución industrial. Primera revolución industrial, que comenzó en Gran Bretaña Alrededor de 1760, marcó un cambio sustancial con respecto a mano producción métodos a base de máquinas fabricación procesos, líderes a significativos aumentos en la producción y la eficiencia al otro lado de diversas industrias, especialmente la textil.

Este período cierra la introducción de crítico Innovaciones como por ejemplo el vapor Motor y nueva química fabricación técnicas que facilitado el elevar de motorizado fábrica sistemas y anunció una nueva era de económico crecimiento y urbanización.

El historiador Eric Hobsbawm señala que Estos cambios industriales soltado capacidades productivas sin precedentes dentro de las sociedades humanas, por lo tanto, colocación el trabajo preparatorio para rápido económica expansión que ha caracterizado moderno economías.

A medida que las industrias se mecanizaron, hubo Fue algo profundo transformación de las estructuras sociales, movimiento Poblaciones del ámbito rural agrario estilos de vida en centros urbanos donde fábricas convertirse Los nuevos centros de empleo y vida social.

La Segunda Revolución Industrial se produjo a finales del siglo XIX y principios del XX, marcada por nuevos avances tecnológicos, como el surgimiento de la electricidad y el motor de combustión interna. Esta fase introdujo conceptos de producción en masa y líneas de montaje, revolucionando los procesos de fabricación y fomentando interdependencias económicas que darían forma a los mercados globales.

La introducción de técnicas de fabricación sofisticadas y modelos comerciales innovadores durante este tiempo sentó las bases para el discurso actual en torno a la Industria 4.0, que se basa en estos avances históricos al integrar tecnologías digitales y sistemas inteligentes en los procesos de producción.

El contexto de estas revoluciones industriales es esencial para comprender la transformación en curso conocida como Industria 4.0, donde el análisis de datos, la robótica y la inteligencia artificial están preparados para redefinir la fabricación una vez más, creando un panorama de fábricas inteligentes y sistemas autónomos.

Énfasis en la sostenibilidad

La sostenibilidad se está convirtiendo en un tema cada vez más central en la Industria 4.0, donde las empresas se enfrentan a desafíos complejos relacionados con las emisiones de carbono, la escasez de recursos y las expectativas cambiantes de los consumidores. Para abordar estos problemas, las organizaciones están integrando tecnologías digitales en sus cadenas de valor, mejorando sus esfuerzos de sostenibilidad. Este enfoque holístico reconoce que la sostenibilidad debe ser un elemento fundamental de los sistemas de producción y no una idea de último momento. Se espera que las empresas aprovechen las tecnologías de la Industria 4.0 para mejorar su impacto ambiental y, al mismo tiempo, lograr eficiencias operativas y mejorar la calidad del producto.

Avances tecnológicos

El futuro de la fabricación está estrechamente vinculado al avance continuo de tecnologías como la inteligencia artificial, la Internet de las cosas (IdC) y la robótica. Estas innovaciones están transformando los procesos de fabricación tradicionales al permitir una mayor flexibilidad, productividad y calidad. A medida que estas tecnologías convergen, se prevé que creen sistemas de producción más sofisticados capaces de adaptarse a las demandas del mercado, que cambian rápidamente. La integración de estas tecnologías permitirá a los fabricantes lograr una mayor eficiencia operativa y abordar los desafíos emergentes de manera más eficaz.

Toma de decisiones basada en datos

Se espera que la dependencia de los datos se intensifique, y las empresas recurran cada vez más a la analítica avanzada y al aprendizaje automático para mejorar los procesos de toma de decisiones. Los métodos tradicionales de previsión de la demanda se están volviendo obsoletos ante shocks externos sin precedentes, como la pandemia de COVID-19, lo que impulsa a las empresas a adoptar técnicas de previsión más sólidas y adaptables. La capacidad de aprovechar los datos en tiempo real y la analítica predictiva será crucial para las organizaciones que se esfuercen por mantener ventajas competitivas en el panorama de rápida evolución de la Industria 4.0.

Creación de empleo y oportunidades profesionales

A medida que avanza la Industria 4.0, surgen nuevas categorías laborales y oportunidades profesionales en diversos sectores. Se espera que haya una gran demanda de puestos en ciencia de datos, ciberseguridad y fabricación avanzada, lo que refleja la necesidad de profesionales capacitados que puedan desenvolverse en este nuevo terreno tecnológico. Hacer hincapié en el aprendizaje continuo y el desarrollo de habilidades será vital para las personas que buscan prosperar en este mercado laboral transformado.

Se espera que la convergencia de las prácticas industriales tradicionales con las tecnologías digitales avanzadas no sólo mejore la productividad, sino que también cree una plétora de trayectorias profesionales que antes no existían.

CAPITULO 2
EFECTOS DE LA
INDUSTRIA 4.0
EN LAS OPERACIONES
DE LA CADENA DE
SUMINISTRO

Capítulo 2: Efectos de la Industria 4.0 en las Operaciones de la Cadena de Suministro

La Industria 4.0 ha transformado significativamente las operaciones de la cadena de suministro al integrar tecnologías avanzadas como el Internet de las Cosas (IoT), la analítica de grandes datos y la inteligencia artificial (IA) en los procesos tradicionales de fabricación y logística. Esta integración crea un entorno de fabricación inteligente donde los datos en tiempo real y la automatización mejoran la toma de decisiones y la eficiencia operativa.

Transparencia y Seguimiento Mejorados

Uno de los efectos más notables de la Industria 4.0 en las operaciones de la cadena de suministro es la mejora en la transparencia de extremo a extremo y el seguimiento de activos en tiempo real. La capacidad de monitorear toda la cadena de suministro en tiempo real permite a las empresas identificar la ubicación exacta de los bienes, ya sea que estén en pedido, en tránsito o almacenados en un almacén. Esta visibilidad no solo minimiza las situaciones de falta de stock, sino que también mejora la precisión de los pedidos y el tiempo estimado de llegada (ETAs) (Waller & Fawcett, 2013).

La transparencia en la cadena de suministro se logra mediante la implementación de tecnologías IoT, que permiten la recopilación de datos a través de sensores y dispositivos conectados. Estas tecnologías son fundamentales para el seguimiento en tiempo real, ya que facilitan la comunicación continua entre los diferentes actores de la cadena. Por ejemplo, el uso de RFID (Identificación por Radiofrecuencia) y códigos de barras permite un seguimiento eficiente y preciso de los productos, proporcionando información valiosa que puede ser utilizada para tomar decisiones informadas (Kumar & Singh, 2019).

La mejora en la visibilidad de la cadena de suministro también permite a las empresas reaccionar rápidamente a interrupciones. Cuando se produce un problema, como un retraso en el transporte o un fallo en la producción, la capacidad de identificar la causa raíz de manera inmediata es crucial. Esto permite a las empresas implementar soluciones rápidas y efectivas, minimizando el impacto en la operación general (Waller & Fawcett, 2013).

Además, la transparencia en la cadena de suministro fomenta una colaboración más efectiva entre los diferentes actores involucrados. Al compartir información en tiempo real, proveedores, fabricantes y distribuidores pueden trabajar juntos de manera más cohesiva, lo que resulta en una planificación más efectiva y una respuesta ágil a las demandas del mercado. Esto es especialmente importante en un entorno comercial que cambia rápidamente, donde la capacidad de adaptarse a nuevas condiciones es vital para el éxito (Chae, 2019).

El seguimiento mejorado de activos también tiene un impacto positivo en la gestión de inventarios. La capacidad de rastrear productos y materiales en tiempo real ayuda a las empresas a optimizar sus niveles de inventario, reduciendo la necesidad de mantener grandes cantidades de stock. Esto no solo libera capital que puede ser utilizado en otras áreas del negocio, sino que también reduce los costos asociados con el almacenamiento y la gestión de inventarios (Kamble et al., 2020).

En términos de sostenibilidad, la transparencia en la cadena de suministro también juega un papel crucial. Al tener un mejor control sobre los activos y los procesos, las empresas pueden identificar áreas donde pueden reducir el desperdicio y mejorar la eficiencia energética. Esto contribuye a una mayor sostenibilidad operativa, alineándose con las expectativas de los consumidores y las regulaciones ambientales cada vez más estrictas (Bai et al., 2019).

Finalmente, la implementación de tecnologías avanzadas para mejorar la transparencia y el seguimiento no está exenta de desafíos. Las empresas deben abordar cuestiones de interoperabilidad entre sistemas y la seguridad de los datos para garantizar que la información compartida sea precisa y segura. La formación del personal y la gestión del cambio son también aspectos críticos que deben ser considerados para asegurar una transición exitosa hacia una cadena de suministro más digitalizada (Kamble et al., 2020).

Sostenibilidad y Eco-Eficiencia

La Industria 4.0 desempeña un papel crucial en la promoción de la sostenibilidad en las cadenas de suministro. A medida que las empresas adoptan tecnologías digitales, pueden implementar prácticas de eco-eficiencia que impactan positivamente en diversos indicadores de rendimiento, incluyendo costos, calidad y gestión de recursos. Este enfoque no solo ayuda a las organizaciones a reducir su huella ecológica, sino que también ofrece oportunidades para la innovación y la mejora continua en sus procesos operativos.

Eco-Eficiencia y Reducción de Residuos

La eco-eficiencia se refiere a la creación de más bienes y servicios utilizando menos recursos y generando menos desechos y contaminación. Al integrar tecnologías avanzadas como el Internet de las Cosas (IoT) y la analítica de datos, las empresas pueden monitorizar y optimizar su consumo de recursos en tiempo real. Esto les permite identificar y eliminar procesos ineficientes que producen desperdicios, contribuyendo a una operación más sostenible (Bai et al., 2019).

Por ejemplo, las fábricas inteligentes utilizan sensores para monitorear el uso de energía y agua, lo que permite a los gerentes ajustar los procesos de producción para minimizar el consumo. Según un estudio de Kusiak (2018), la implementación de estas tecnologías puede reducir el consumo de energía en un 20-30% y el uso de agua en un 15-20%, lo que se traduce en ahorros significativos y una menor huella ambiental.

Contribución a la Economía Circular

La Industria 4.0 también facilita la transición hacia una economía circular, donde los recursos se reutilizan y reciclan en lugar de ser desechados. Al emplear tecnologías digitales, las empresas pueden rastrear el ciclo de vida de sus productos, lo que les permite identificar oportunidades para reutilizar materiales y componentes. Esto no solo reduce la necesidad de recursos vírgenes, sino que también disminuye la cantidad de residuos generados (Geissdoerfer et al., 2018).

Un ejemplo de esto es el uso de plataformas digitales que conectan a las empresas con proveedores de reciclaje, permitiendo que los materiales desechados se reintroduzcan en el proceso de producción. Esta práctica no solo contribuye a la sostenibilidad ambiental, sino que también puede resultar en reducciones de costos operativos al disminuir la dependencia de materiales nuevos.

Análisis de Datos para la Sostenibilidad

La implementación de tecnologías de análisis de datos permite a las empresas realizar un seguimiento más preciso de su desempeño ambiental. Al analizar datos sobre el consumo de energía, agua y emisiones, las organizaciones pueden identificar áreas de mejora y establecer objetivos de sostenibilidad más ambiciosos. Según un informe de Raut et al. (2020), el análisis de datos puede ayudar a las empresas a optimizar sus operaciones y a cumplir con las normativas ambientales de manera más efectiva.

Además, las herramientas de análisis predictivo pueden prever el impacto ambiental de diferentes decisiones operativas. Esto permite a las empresas evaluar las consecuencias de sus acciones antes de implementarlas, asegurando que se tomen decisiones más sostenibles a largo plazo.

Innovación en Procesos de Producción

La digitalización de la cadena de suministro también fomenta la innovación en los procesos de producción. Las empresas pueden utilizar tecnologías como la fabricación aditiva (impresión 3D) para producir componentes de manera más eficiente y con menos desperdicio de material. Esta técnica permite fabricar solo lo que se necesita, reduciendo así el excedente de producción y minimizando los residuos (Kamble et al., 2020).

Además, las fábricas inteligentes pueden ajustar automáticamente los procesos de producción en función de los datos recopilados, optimizando el uso de recursos y reduciendo el desperdicio en tiempo real. Esto no solo mejora la eficiencia, sino que también ayuda a las empresas a ser más ágiles y adaptativas frente a las demandas del mercado.

Mejora de la Responsabilidad Social Corporativa

La adopción de prácticas sostenibles impulsadas por la Industria 4.0 también mejora la responsabilidad social corporativa (RSC) de las empresas. Los consumidores son cada vez más conscientes del impacto ambiental de sus decisiones de compra y prefieren apoyar a marcas que demuestran un compromiso con la sostenibilidad. Al implementar tecnologías de eco-eficiencia, las empresas pueden destacar sus esfuerzos en sostenibilidad, mejorando su imagen de marca y atrayendo a un público más amplio (Porter & Kramer, 2011).

Esto es especialmente relevante en un momento en que las regulaciones ambientales son cada vez más estrictas. Las empresas que adoptan proactivamente prácticas sostenibles están mejor preparadas para cumplir con estas normativas y evitar sanciones, lo que a su vez mejora su posición competitiva en el mercado.

Ahorros Económicos y Sostenibilidad

La sostenibilidad y la eco-eficiencia no solo son beneficiosas para el medio ambiente, sino que también pueden resultar en ahorros significativos para las empresas. La reducción del consumo de recursos y la minimización de residuos se traducen directamente en menores costos operativos. Según un estudio de Accenture (2019), las empresas que implementan prácticas sostenibles pueden ver un retorno de inversión (ROI) de hasta un 40% en iniciativas de eficiencia energética y reducción de residuos.

Estos ahorros pueden ser reinvertidos en innovación y desarrollo de nuevos productos, creando un ciclo positivo que beneficia tanto a la empresa como al medio ambiente. La inversión en tecnologías digitales para la sostenibilidad no solo es un imperativo ético, sino también una estrategia inteligente desde el punto de vista financiero.

Desafíos en la Implementación de Tecnologías Sostenibles

A pesar de los beneficios, la implementación de tecnologías sostenibles en la Industria 4.0 presenta desafíos. Las empresas deben superar barreras tecnológicas, organizativas y culturales para integrar eficazmente estas tecnologías en sus operaciones. La falta de conocimiento y experiencia en el uso de tecnologías digitales puede ser un obstáculo significativo (Kamble et al., 2020).

Además, la seguridad de los datos es una preocupación importante. A medida que las empresas recopilan y analizan grandes cantidades de datos, deben asegurarse de que la información esté protegida contra ciberataques y vulnerabilidades. La inversión en ciberseguridad es esencial para salvaguardar tanto los datos operativos como la confianza de los consumidores en las prácticas sostenibles de la empresa.

Toma de Decisiones Basada en Datos

La capacidad de aprovechar el análisis de datos para una mejor toma de decisiones es uno de los impactos más significativos de la Industria 4.0 en las cadenas de suministro. En un entorno empresarial caracterizado por su dinamismo y por cambios constantes en las preferencias del consumidor, el uso de datos se ha convertido en un factor clave para la competitividad. Las empresas que integran tecnologías de análisis de datos en sus operaciones son capaces de tomar decisiones más informadas y estratégicas, lo que les permite mejorar su rendimiento y adaptarse rápidamente a las condiciones del mercado.

Inteligencia de Mercado en Tiempo Real

Las empresas utilizan la inteligencia de mercado en tiempo real para modelar los comportamientos de los clientes y anticipar sus necesidades. Esto se logra mediante la recopilación y análisis de datos provenientes de diversas fuentes, como redes sociales, encuestas y transacciones en línea. Al tener acceso a información actualizada sobre las preferencias de los consumidores, las organizaciones pueden ajustar sus estrategias de marketing y desarrollo de productos, asegurando que satisfacen las demandas del mercado de manera más efectiva (Chae, 2019).

Predicción de la Demanda

La capacidad de predecir la demanda con mayor precisión es otro beneficio clave del análisis de datos. Utilizando algoritmos avanzados de aprendizaje automático, las empresas pueden analizar patrones históricos de ventas, tendencias estacionales y otros factores que influyen en la demanda. Esto les permite ajustar sus niveles de inventario y producción, evitando tanto el exceso de stock como las faltas de productos. Según un estudio de Waller et al. (2014), las empresas que implementan herramientas de análisis predictivo pueden reducir los costos de inventario en un 20-30%, lo que se traduce en una mejora significativa en la eficiencia operativa.

Optimización de Niveles de Inventario

La optimización de los niveles de inventario es crucial para mejorar el servicio al cliente. Al utilizar datos en tiempo real para gestionar el inventario, las empresas pueden asegurarse de que los productos estén disponibles cuando los clientes los demanden, lo que mejora la satisfacción del cliente y fomenta la lealtad a la marca. Además, una gestión eficiente del inventario también permite a las empresas reducir costos asociados con el almacenamiento y la obsolescencia de productos (Kamble et al., 2020).

Programación de la Producción

Los algoritmos de aprendizaje automático no solo mejoran la predicción de la demanda, sino que también facilitan la programación de la producción. Al analizar datos sobre la disponibilidad de recursos, capacidades de producción y tiempos de entrega, las empresas pueden optimizar sus líneas de producción para maximizar la eficiencia y minimizar el tiempo de inactividad. Esto es especialmente importante en entornos de producción ajustada, donde cada minuto de inactividad puede resultar en pérdidas significativas (Chae, 2019).

Planificación del Mantenimiento

La planificación del mantenimiento es otra área donde el análisis de datos juega un papel fundamental. Las tecnologías de mantenimiento predictivo utilizan datos de sensores y monitoreo en tiempo real para anticipar fallos en el equipo antes de que ocurran. Esto permite a las empresas programar el mantenimiento de manera que minimicen las interrupciones en la producción, mejorando la resiliencia operativa y la disponibilidad de los activos (Lee et al., 2014).

Adaptación a Fluctuaciones del Mercado

La capacidad de adaptación rápida a las fluctuaciones del mercado es esencial en la Industria 4.0. Las empresas que utilizan análisis de datos pueden reaccionar de manera ágil ante cambios en la demanda, ajustando sus operaciones para satisfacer las nuevas condiciones. Esto les permite no solo sobrevivir ante las fluctuaciones del mercado, sino también aprovechar oportunidades emergentes que podrían haber pasado desapercibidas sin el análisis adecuado (Raut et al., 2020).

Mejora Continua a través del Análisis de Datos

El análisis de datos también fomenta una cultura de mejora continua dentro de las organizaciones. A medida que las empresas recopilan más datos y los analizan, pueden identificar áreas de mejora en sus procesos operativos. Esto no solo se aplica a la cadena de suministro, sino también a otras áreas del negocio, como recursos humanos y servicio al cliente. La retroalimentación constante basada en datos permite a las empresas adaptarse y evolucionar en un entorno empresarial en constante cambio (Kamble et al., 2020).

Desafíos en la Toma de Decisiones Basada en Datos

A pesar de los beneficios, la implementación de una toma de decisiones basada en datos también presenta desafíos. Las empresas deben asegurarse de que cuentan con la infraestructura adecuada para recopilar y analizar grandes volúmenes de datos. Esto incluye la inversión en tecnologías de big data y en habilidades analíticas dentro del personal. La seguridad de los datos también es una preocupación importante, ya que las empresas deben proteger la información sensible contra ciberataques y brechas de seguridad (Kamble et al., 2020).

Desafíos en la Implementación de la Industria 4.0 en las Cadenas de Suministro

La implementación de tecnologías de Industria 4.0 en las cadenas de suministro presenta una serie de desafíos que las organizaciones deben enfrentar para aprovechar completamente los beneficios potenciales. Estos desafíos se pueden clasificar en cuestiones tecnológicas, organizativas y relacionadas con el mercado. A pesar de la exitosa integración de las tecnologías de la Industria 4.0, muchas empresas enfrentan desafíos durante la implementación. Un análisis de caso identificó problemas comunes, como las operaciones aisladas y la falta de alineación entre la tecnología de la información y la tecnología operativa (Kamble et al., 2020).

Desafíos Tecnológicos

Uno de los principales desafíos que enfrentan las empresas es la integración de tecnologías avanzadas en sus sistemas existentes. La falta de interoperabilidad entre sistemas heredados y nuevas soluciones puede limitar la capacidad de las organizaciones para implementar tecnologías de la Industria 4.0 de manera efectiva. La integración de dispositivos IoT, plataformas de análisis de datos y sistemas de gestión de la cadena de suministro requiere una infraestructura tecnológica robusta que muchas empresas aún no poseen (Kamble et al., 2020).

Además, la ciberseguridad se convierte en una preocupación crítica a medida que las empresas digitalizan sus operaciones. La interconexión de dispositivos y sistemas aumenta la superficie de ataque, lo que expone a las organizaciones a riesgos de seguridad. La implementación de medidas adecuadas de ciberseguridad es esencial para proteger los datos sensibles y garantizar la continuidad operativa (Kamble et al., 2020).

Desafíos Organizativos

Los desafíos organizativos también juegan un papel importante en la implementación de la Industria 4.0. Muchas empresas enfrentan resistencia interna al cambio, lo que puede obstaculizar la adopción de nuevas tecnologías. La cultura organizativa y la mentalidad de los empleados son aspectos críticos que deben ser considerados. Las organizaciones deben fomentar una cultura de innovación y aprendizaje continuo para facilitar la transición hacia un entorno digital (Hazen et al., 2014).

La falta de habilidades y conocimientos técnicos entre el personal es otro obstáculo significativo. La implementación exitosa de tecnologías avanzadas requiere personal capacitado que pueda gestionar y operar estos sistemas. Las empresas deben invertir en capacitación y desarrollo de habilidades para preparar a su fuerza laboral para el futuro digital (Wang et al., 2016).

Desafíos Relacionados con el Mercado

En el contexto del mercado, las empresas también enfrentan desafíos significativos. La rápida evolución de la tecnología y las expectativas cambiantes de los clientes exigen que las organizaciones se adapten rápidamente. Sin embargo, muchas empresas luchan por mantenerse al día con los avances tecnológicos y las demandas del mercado. Esta desalineación puede resultar en una falta de competitividad y en la pérdida de oportunidades de negocio (Chae, 2019).

La incertidumbre económica y las fluctuaciones en la demanda del mercado pueden complicar aún más la implementación de tecnologías de la Industria 4.0. Las empresas deben ser capaces de prever y reaccionar a estos cambios, lo que requiere una flexibilidad y agilidad que a menudo no están presentes en las estructuras organizativas tradicionales (Kamble et al., 2020).

Falta de Visión Estratégica

Un desafío crítico en la implementación de la Industria 4.0 es la falta de una visión estratégica clara. Muchas organizaciones abordan la digitalización de manera fragmentada, sin un plan integral que guíe sus esfuerzos. Esta falta de dirección puede resultar en inversiones ineficaces y en la implementación de tecnologías que no se alinean con los objetivos comerciales generales (Hazen et al., 2014).

La falta de un liderazgo comprometido y de una estrategia bien definida puede llevar a que las iniciativas de Industria 4.0 se conviertan en proyectos aislados, en lugar de ser una parte integral de la estrategia empresarial. Las empresas deben establecer una hoja de ruta clara para la transformación digital, asegurándose de que todas las partes interesadas estén alineadas y comprometidas con los objetivos (Kamble et al., 2020).

Escalabilidad de Soluciones

Otro desafío significativo es la escalabilidad de las soluciones implementadas. Aunque una tecnología puede funcionar bien a pequeña escala, su rendimiento puede verse afectado al expandirla a toda la organización. Las empresas deben considerar cómo escalar sus soluciones de manera efectiva, asegurándose de que puedan soportar un aumento en la producción y en la complejidad operativa (Chae, 2019).

La planificación anticipada y la inversión en infraestructura adecuada son fundamentales para abordar este problema. Las empresas deben evaluar cuidadosamente sus capacidades y necesidades antes de implementar nuevas tecnologías, lo que les permitirá escalar de manera sostenible y efectiva (Kamble et al., 2020).

Colaboración con Socios de la Cadena de Suministro

La colaboración efectiva con socios de la cadena de suministro es esencial para la implementación exitosa de la Industria 4.0. Sin embargo, muchas empresas encuentran dificultades para integrar sus sistemas con los de sus proveedores y clientes. La falta de estándares comunes y protocolos de comunicación puede dificultar la colaboración y la integración de procesos (Hazen et al., 2014).

Las empresas deben trabajar en estrecha colaboración con sus socios para desarrollar soluciones interoperables que faciliten la comunicación y el intercambio de datos. La creación de ecosistemas colaborativos puede mejorar la eficiencia y la efectividad de la cadena de suministro, permitiendo a las organizaciones aprovechar al máximo las oportunidades que ofrece la Industria 4.0 (Wang et al., 2016).

Desafíos y Recomendaciones Estratégicas

Para abordar estos desafíos, se recomienda que las empresas se centren en construir una arquitectura mínima viable que permita un despliegue gradual y un ajuste basado en la retroalimentación del mundo real. Al priorizar la identificación de oportunidades inmediatas para el impacto, las empresas pueden crear impulso para sus esfuerzos de transformación digital, como lo demuestran las organizaciones que navegaron con éxito estas complejidades (Wang et al., 2016). La capacitación del personal y la gestión del cambio son también aspectos críticos que deben ser considerados para asegurar una transición fluida hacia la Industria 4.0.

Priorización de Oportunidades Inmediatas

Priorizar la identificación de oportunidades inmediatas para el impacto es fundamental. Las empresas deben evaluar sus operaciones actuales y determinar dónde las tecnologías de la Industria 4.0 pueden generar beneficios rápidos y tangibles. Esto puede incluir la automatización de procesos, la mejora del seguimiento de inventarios o la optimización de la logística (Chae, 2019).

Al enfocarse en áreas que ofrecen un retorno de inversión (ROI) relativamente rápido, las empresas pueden crear impulso en sus esfuerzos de transformación digital. Este enfoque no solo mejora la eficiencia operativa, sino que también proporciona un caso de éxito que puede ser utilizado para ganar apoyo adicional dentro de la organización.

Capacitación del Personal

La capacitación del personal es un aspecto crítico para una transición fluida hacia la Industria 4.0. A medida que las empresas implementan nuevas tecnologías, es esencial que los empleados comprendan cómo utilizarlas de manera efectiva. Esto incluye no solo la capacitación técnica, sino también el desarrollo de habilidades blandas, como la adaptabilidad y el trabajo en equipo (Hazen et al., 2014).

Las organizaciones deben invertir en programas de capacitación continua que no solo enseñen a los empleados sobre las nuevas tecnologías, sino que también fomenten una mentalidad de innovación y mejora continua. Esto ayudará a preparar a la fuerza laboral para los cambios que se avecinan y facilitará la adopción de nuevas herramientas y procesos.

Gestión del Cambio

La gestión del cambio es otro componente esencial para el éxito de la implementación de la Industria 4.0. La resistencia al cambio es un desafío común en las organizaciones, y es crucial abordar las preocupaciones de los empleados de manera proactiva. Esto implica comunicar claramente los beneficios de la transformación digital y cómo afectará positivamente a cada miembro del equipo (Wang et al., 2016).

Un enfoque efectivo en la gestión del cambio incluye la creación de equipos de cambio dedicados que puedan guiar a la organización a través del proceso de transformación. Estos equipos pueden proporcionar apoyo y recursos, así como ser un canal para la retroalimentación de los empleados, lo que ayuda a ajustar el enfoque según sea necesario.

Fomento de la Cultura de Innovación

Fomentar una cultura de innovación dentro de la organización es vital para la adopción exitosa de la Industria 4.0. Las empresas deben alentar a los empleados a experimentar y proponer nuevas ideas sin miedo al fracaso. Esto puede lograrse mediante la implementación de incentivos y programas de reconocimiento que premien la innovación y la creatividad (Hazen et al., 2014).

Una cultura de innovación no solo mejora la moral de los empleados, sino que también puede resultar en soluciones creativas a problemas complejos. Al empoderar a los empleados para que sean parte del proceso de transformación, las empresas pueden beneficiarse de una mayor diversidad de ideas y enfoques.

Establecimiento de Alianzas Estratégicas

Establecer alianzas estratégicas con proveedores de tecnología y otros actores relevantes en la industria puede facilitar la implementación de la Industria 4.0. Estas colaboraciones pueden proporcionar acceso a conocimientos especializados, tecnologías avanzadas y prácticas recomendadas que pueden acelerar el proceso de transformación (Kamble et al., 2020).

Las empresas deben buscar asociaciones que complementen sus capacidades internas y les ayuden a superar las limitaciones tecnológicas y de conocimiento. Trabajar con socios estratégicos permite a las organizaciones compartir riesgos y recursos, lo que puede resultar en una implementación más exitosa.

Evaluación y Medición del Desempeño

La evaluación y medición del desempeño son críticas para asegurar que los esfuerzos de transformación digital estén alineados con los objetivos empresariales. Las empresas deben establecer métricas claras y KPIs que les permitan monitorear el progreso y el impacto de las tecnologías de la Industria 4.0 (Chae, 2019).

La recopilación de datos sobre el desempeño operativo y la retroalimentación de los empleados ayudará a las organizaciones a identificar áreas de mejora y ajustar sus estrategias según sea necesario. Esta práctica de evaluación continua también demuestra el compromiso de la empresa con la mejora y la adaptabilidad.

Flexibilidad y Adaptabilidad

Finalmente, las empresas deben adoptar una mentalidad de flexibilidad y adaptabilidad. El entorno empresarial está en constante cambio, y las organizaciones que pueden ajustar rápidamente sus estrategias y operaciones estarán mejor posicionadas para prosperar en la era digital. Esto implica no solo estar abiertas a nuevas tecnologías, sino también ser receptivas a la retroalimentación del mercado y a las necesidades cambiantes de los consumidores (Wang et al., 2016).

Las empresas que fomentan una cultura de aprendizaje y adaptación pueden navegar más fácilmente por los desafíos de la implementación de la Industria 4.0 y aprovechar al máximo las oportunidades que se presenten.

CAPITULO 3

DESAFIOS Y OPORTUNIDADES

Capítulo 3: Desafíos y Oportunidades en la Implementación de la Industria 4.0

La implementación de la Industria 4.0 (I 4.0) representa un cambio significativo en las prácticas industriales, introduciendo dinámicas multifacéticas que involucran la integración de tecnologías avanzadas en los procesos de fabricación. Este concepto, enraizado en la Cuarta Revolución Industrial, destaca cómo innovaciones digitales como la inteligencia artificial (IA), el Internet de las Cosas (IoT) y la computación en la nube se combinan para crear entornos de fabricación inteligentes y automatizados (Kamble et al., 2020).

Desafíos en la Implementación

La transición hacia la I 4.0 presenta una serie de desafíos que las organizaciones deben superar para adoptar y aplicar con éxito estas tecnologías avanzadas.

Barreras Financieras

Uno de los principales obstáculos en la implementación de la Industria 4.0 (I 4.0) es la alta inversión inicial requerida y la incertidumbre relacionada con el retorno de la inversión (ROI). Esta situación se ve agravada por la percepción de riesgo que conllevan las tecnologías emergentes. Muchas organizaciones encuentran difícil justificar los costos iniciales de implementar tecnologías avanzadas, especialmente cuando los beneficios financieros pueden no ser inmediatos. Como señala Waller y Fawcett (2014), esta vacilación puede disuadir a las empresas de avanzar hacia cambios necesarios, particularmente en entornos competitivos donde la adaptabilidad es esencial.

La falta de claridad sobre el ROI puede llevar a decisiones conservadoras, donde las empresas prefieren mantener sus sistemas tradicionales en lugar de invertir en nuevas tecnologías. Este fenómeno es común en industrias donde los márgenes de ganancia son ajustados y la presión por reducir costos es constante. Las organizaciones pueden tener miedo de comprometer capital significativo en iniciativas que no garantizan resultados inmediatos, lo que puede resultar en una pérdida de competitividad frente a aquellas que sí realizan la inversión (Kamble et al., 2020).

Además, la incertidumbre financiera asociada con la I 4.0 puede ser especialmente desalentadora para las pequeñas y medianas empresas (pymes), que suelen tener recursos limitados. Estas organizaciones pueden carecer de la capacidad para absorber los costos iniciales elevados, lo que las coloca en una desventaja competitiva frente a empresas más grandes y con mayor capacidad de inversión. Como resultado, las pymes pueden perder oportunidades de innovación que podrían haber mejorado su eficiencia y adaptabilidad (Hazen et al., 2014).

Para superar estas barreras financieras, las organizaciones deben considerar estrategias de financiamiento alternativas, como colaboraciones público-privadas o fondos de inversión específicos para la innovación tecnológica. Además, es esencial realizar un análisis exhaustivo de costo-beneficio que no solo evalúe los beneficios económicos a corto plazo, sino que también considere los beneficios a largo plazo, como la mejora en la calidad del producto y la satisfacción del cliente. Esto puede ayudar a las empresas a visualizar el valor añadido que la I 4.0 puede traer a sus operaciones.

Finalmente, la capacitación y el desarrollo de la fuerza laboral son inversiones que también deben contemplarse dentro del marco financiero. La inversión en habilidades y conocimientos puede ser un factor clave para maximizar el ROI de la I 4.0. Según Kusiak (2018), las organizaciones que invierten en la formación de su personal no solo aumentan su capacidad para implementar tecnologías avanzadas, sino que también fomentan una cultura de innovación que puede resultar en un crecimiento sostenible y una ventaja competitiva a largo plazo. En resumen, enfrentar las barreras financieras implica un enfoque estratégico que considere las inversiones no solo en tecnología, sino también en el capital humano.

Integración Tecnológica

La integración efectiva de tecnologías en los sistemas y flujos de trabajo existentes es tanto imperativa como compleja para las organizaciones que buscan implementar la Industria 4.0 (I 4.0). La adopción de nuevas tecnologías no solo requiere una inversión financiera significativa, sino que también implica un cambio cultural y organizacional. Las empresas deben seleccionar proveedores adecuados y asegurarse de que las tecnologías emergentes se integren sin problemas en sus operaciones. Esto hace que la planificación y la ejecución de la integración sean procesos críticos que requieren una atención cuidadosa (Kamble et al., 2020).

Uno de los desafíos más importantes en la integración tecnológica es la falta de formatos de datos estandarizados. En un entorno industrial donde múltiples sistemas y dispositivos deben comunicarse entre sí, la ausencia de estándares comunes puede generar silos de información. Esto no solo dificulta la colaboración y el intercambio de datos, sino que también puede llevar a errores en la toma de decisiones. Como indica Waller y Fawcett (2014), la interoperabilidad es esencial para capitalizar las capacidades de las tecnologías avanzadas, y la falta de estándares puede ser un obstáculo considerable.

Además, las interfaces incompatibles entre diferentes sistemas pueden complicar aún más la integración. Muchas organizaciones operan con sistemas heredados que no están diseñados para interactuar con las nuevas tecnologías de I 4.0. Este desajuste puede resultar en una implementación fragmentada, donde las tecnologías no funcionan de manera cohesiva, lo que limita el potencial de mejora en la eficiencia y la productividad (Hazen et al., 2014). Para superar este desafío, es fundamental que las empresas realicen un inventario exhaustivo de sus sistemas existentes y evalúen cómo las nuevas tecnologías pueden ser incorporadas de manera efectiva.

La selección de proveedores también juega un papel crucial en el éxito de la integración tecnológica. Las organizaciones deben considerar no solo la calidad de las tecnologías ofrecidas, sino también la capacidad del proveedor para ofrecer soporte técnico y formación. La colaboración con proveedores que tienen experiencia en la implementación de soluciones de I 4.0 puede facilitar el proceso y reducir el tiempo de inactividad asociado con la transición a nuevas tecnologías (Kusiak, 2018). Es esencial establecer relaciones sólidas y de confianza con los proveedores para garantizar una implementación fluida.

La formación del personal es otro aspecto fundamental en el proceso de integración. La falta de habilidades adecuadas dentro de la fuerza laboral puede convertirse en un impedimento importante. Las organizaciones deben invertir en programas de capacitación que permitan a sus empleados desarrollar las competencias necesarias para gestionar y operar las nuevas tecnologías. Esto no solo aumenta la eficacia de la implementación, sino que también promueve una cultura de innovación y mejora continua (Raut et al., 2020).

Además, la integración tecnológica debe ser vista como un proceso continuo en lugar de un evento único. A medida que las tecnologías evolucionan y emergen nuevas herramientas, las organizaciones deben estar preparadas para adaptar sus sistemas y procesos. Esto implica no solo la actualización de las tecnologías existentes, sino también la revisión y mejora de los flujos de trabajo para maximizar la eficiencia (Chae, 2019). La flexibilidad y la agilidad organizacional son clave para mantener la competitividad en un entorno en constante cambio.

Finalmente, la gestión del cambio es un aspecto crítico que a menudo se pasa por alto en el proceso de integración. Las organizaciones deben reconocer que la adopción de nuevas tecnologías puede generar resistencia entre los empleados. Establecer una comunicación clara sobre los beneficios de la integración y proporcionar un soporte adecuado durante la transición puede ayudar a mitigar esta resistencia. Involucrar a los empleados en el proceso de cambio y fomentar un ambiente inclusivo puede facilitar una integración más exitosa y sostenible (Porter & Kramer, 2011).

Mano de Obra Calificada

La disponibilidad de mano de obra calificada es un desafío crítico en la implementación de la Industria 4.0 (I 4.0). Existe una brecha considerable entre las capacidades de la fuerza laboral actual y las habilidades requeridas para operar tecnologías avanzadas. Esta disparidad se ha convertido en un obstáculo significativo para las organizaciones que buscan adoptar tecnologías emergentes, ya que la falta de personal capacitado puede limitar su capacidad para maximizar el potencial de la I 4.0 (Kusiak, 2018).

Para abordar esta brecha, las organizaciones deben invertir en programas de capacitación y desarrollo profesional. La formación continua es esencial para equipar a los empleados con las habilidades necesarias para gestionar y utilizar eficazmente las nuevas tecnologías. Esto no solo implica la capacitación técnica en herramientas específicas, sino también el desarrollo de competencias en análisis de datos, ciberseguridad y gestión de sistemas complejos. Al hacerlo, las empresas pueden fomentar una cultura de innovación y adaptabilidad que les permita mantenerse competitivas en un entorno industrial en constante evolución (Raut et al., 2020).

Además, las organizaciones deben considerar la colaboración con instituciones educativas y centros de formación para crear programas de capacitación alineados con las necesidades del mercado. Estas colaboraciones pueden facilitar la creación de un pipeline de talento calificado, listo para enfrentar los desafíos de la I 4.0. De esta forma, no solo se cierran las brechas de habilidades, sino que también se fortalece la relación entre el sector industrial y educativo, lo que resulta beneficioso para ambas partes (Chae, 2019).

Actualización Tecnológica y Sostenibilidad

Las organizaciones que buscan implementar la Industria 4.0 (I 4.0) deben estar preparadas para actualizar continuamente sus tecnologías. La rápida evolución de las herramientas y sistemas digitales exige que las empresas no solo realicen inversiones financieras significativas, sino que también desarrollen una planificación estratégica sólida. Esta planificación es vital para asegurarse de que los cambios tecnológicos estén alineados con los objetivos organizacionales más amplios, lo que permite a las empresas mantener su competitividad en un entorno en constante cambio (Kamble et al., 2020).

La actualización tecnológica no debe considerarse un evento aislado, sino un proceso continuo que se integra en la cultura organizacional. Las empresas deben establecer un marco que facilite la evaluación regular de sus sistemas y tecnologías, asegurándose de que estas permanezcan relevantes y efectivas. Esto incluye la identificación de nuevas tendencias en la industria y la evaluación de cómo estas pueden ser adoptadas para mejorar la eficiencia operativa y la calidad de los productos (Chae, 2019). Adoptar un enfoque proactivo hacia la actualización tecnológica permite a las organizaciones adaptarse rápidamente a las demandas del mercado y a las expectativas cambiantes de los clientes.

Además, la sostenibilidad se ha convertido en un aspecto crucial en la implementación de I 4.0. Las organizaciones deben considerar el uso eficiente de los recursos como parte integral de sus estrategias tecnológicas. La integración de prácticas sostenibles no solo ayuda a reducir costos a largo plazo, sino que también mejora la reputación de la empresa y su relación con los stakeholders. Según Raut et al. (2020), las empresas que implementan tecnologías sostenibles pueden beneficiarse de una mayor aceptación del mercado y de una ventaja competitiva frente a aquellas que no lo hacen.

La implementación de tecnologías sostenibles puede incluir la digitalización de procesos para optimizar el uso de energía y recursos, así como la adopción de modelos de negocio circulares que minimicen el desperdicio. Esta transición hacia prácticas más sostenibles no solo es beneficiosa para el medio ambiente, sino que también puede resultar en mejoras significativas en la eficiencia operativa. Las organizaciones que priorizan la sostenibilidad a menudo descubren que pueden reducir sus costos operativos mientras cumplen con las regulaciones ambientales cada vez más estrictas (Kusiak, 2018).

Finalmente, para lograr una exitosa actualización tecnológica y sostenibilidad, las organizaciones deben fomentar una cultura de innovación y aprendizaje continuo. Esto implica capacitar a los empleados para que se adapten a nuevas tecnologías y enfoques sostenibles, así como incentivar la colaboración entre departamentos para encontrar soluciones innovadoras. La creación de un entorno donde los empleados se sientan valorados y empoderados para contribuir a la sostenibilidad y la innovación permitirá a las organizaciones no solo alcanzar sus objetivos a corto plazo, sino también asegurar su éxito a largo plazo en la era de la I 4.0.

Oportunidades en la Implementación

Ventaja Competitiva a través de la Adquisición de Tecnología

La implementación exitosa de la Industria 4.0 (I 4.0) presenta a las organizaciones oportunidades sustanciales para obtener ventajas competitivas mediante la adopción efectiva de nuevas tecnologías. Este proceso se inicia con la identificación de las necesidades de los clientes y el análisis del modelo de negocio de la organización. Al comprender qué es lo que valoran los clientes y cómo se puede mejorar la propuesta de valor, las empresas pueden seleccionar tecnologías que realmente impacten su rendimiento y satisfacción del cliente (Kamble et al., 2020).

Una vez que se han identificado las necesidades del cliente, el siguiente paso es evaluar cómo las tecnologías emergentes pueden integrarse en los procesos existentes para satisfacer esas necesidades. Por ejemplo, el uso de la inteligencia artificial (IA) y el análisis de datos puede proporcionar información valiosa que permite a las empresas anticipar tendencias del mercado y ajustar su oferta en consecuencia. Esta capacidad de respuesta rápida a las demandas del cliente se traduce en una diferenciación competitiva significativa (Chae, 2019).

Además, la adopción de tecnologías avanzadas permite a las organizaciones optimizar sus operaciones internas. La automatización de procesos, por ejemplo, puede llevar a una mayor eficiencia y reducción de costos, lo que permite a las empresas ofrecer precios más competitivos. La implementación de tecnología IoT puede mejorar la visibilidad en la cadena de suministro, lo que facilita la gestión de inventarios y la reducción de desperdicios

(Raut et al., 2020). De esta manera, las organizaciones no solo mejoran su rentabilidad, sino que también fortalecen su posición en el mercado.

La personalización masiva es otra oportunidad clave que la I 4.0 ofrece a las empresas. Al utilizar tecnologías de fabricación flexible, las organizaciones pueden adaptar sus productos a las preferencias individuales de los clientes. Esta capacidad no solo satisface la demanda de personalización, sino que también fomenta la lealtad del cliente al proporcionar soluciones que se alinean más estrechamente con sus expectativas (Bai et al., 2019). La personalización se convierte en un diferenciador crucial en un mercado cada vez más saturado.

La integración de tecnologías digitales también permite a las empresas innovar en sus modelos de negocio. Por ejemplo, la economía de suscripción ha ganado popularidad en diversas industrias, desde software hasta productos físicos. Al adoptar modelos de negocio basados en suscripciones, las empresas pueden generar flujos de ingresos recurrentes y mejorar la retención de clientes. Esto exige una comprensión profunda de cómo las tecnologías digitales pueden facilitar estas transiciones (Kusiak, 2018).

Además, la capacidad de recopilar y analizar grandes volúmenes de datos permite a las empresas tomar decisiones más informadas y estratégicas. Las herramientas de análisis predictivo pueden ayudar a las organizaciones a anticipar cambios en la demanda o identificar nuevas oportunidades de mercado. Esto no solo mejora la agilidad, sino que también permite a las empresas posicionarse de manera proactiva en lugar de reactiva, lo cual es crucial en entornos de mercado volátiles (Waller & Fawcett, 2014).

Sin embargo, para maximizar estas oportunidades, las organizaciones deben asegurarse de que su infraestructura tecnológica esté preparada para soportar la implementación de I 4.0. Esto incluye no solo la adopción de nuevas tecnologías, sino también la actualización de sistemas existentes para asegurar la interoperabilidad y la eficiencia. La falta de una infraestructura adecuada puede limitar la capacidad de las empresas para aprovechar plenamente las ventajas competitivas que la I 4.0 ofrece (Hazen et al., 2014).

La colaboración con socios tecnológicos también es fundamental en este contexto. Las empresas que trabajan con proveedores y socios estratégicos que tienen experiencia en la implementación de tecnologías avanzadas pueden beneficiarse de un conocimiento compartido y mejores prácticas. Esta colaboración no solo facilita la integración de nuevas tecnologías, sino que también puede abrir nuevas oportunidades de mercado y mejorar la oferta de productos y servicios (Kamble et al., 2020).

Finalmente, la cultura organizacional juega un papel crucial en la capacidad de una empresa para aprovechar las oportunidades asociadas con la I 4.0. Fomentar un entorno que valore la innovación, la experimentación y el aprendizaje continuo es esencial para el éxito. Las organizaciones que cultivan una mentalidad abierta hacia el cambio y la tecnología están mejor posicionadas para adaptarse y prosperar en la era de la Industria 4.0 (Porter & Kramer, 2011).

En resumen, la implementación de la I 4.0 ofrece a las organizaciones oportunidades significativas para obtener ventajas competitivas a través de la adopción efectiva de nuevas tecnologías. Desde la personalización masiva hasta la optimización de procesos y la innovación en modelos de negocio, las empresas que invierten en estas tecnologías emergentes pueden diferenciarse en un mercado cada vez más competitivo.

Personalización Masiva

La Industria 4.0 (I 4.0) permite a las organizaciones ofrecer personalización masiva de productos, respondiendo de manera efectiva a la creciente demanda de soluciones personalizadas. En un mercado cada vez más competitivo, los consumidores buscan productos que no solo satisfagan sus necesidades básicas, sino que también se alineen con sus preferencias individuales. La capacidad de adaptar productos según estas preferencias no solo mejora la satisfacción del cliente, sino que también fomenta la lealtad a la marca al crear una conexión más profunda entre el consumidor y el productor (Chae, 2019).

La personalización masiva se basa en la integración de tecnologías avanzadas como la inteligencia artificial (IA), el Internet de las Cosas (IoT) y la fabricación aditiva. Estas tecnologías permiten a las empresas recopilar y analizar datos en tiempo real sobre las preferencias y comportamientos de los consumidores. Al comprender mejor lo que desean sus clientes, las organizaciones pueden ofrecer opciones personalizadas que van más allá de las configuraciones estándar, creando así una experiencia de compra más atractiva y relevante (Kamble et al., 2020).

Una de las claves para implementar la personalización masiva es la flexibilidad en la línea de producción. Las tecnologías de fabricación avanzada permiten a las empresas ajustar rápidamente sus procesos para acomodar variaciones en los pedidos sin comprometer la eficiencia. Por ejemplo, las impresoras 3D pueden producir piezas personalizadas bajo demanda, lo que reduce el tiempo de espera y los costos asociados con la producción en masa. Esta flexibilidad no solo responde a las expectativas del cliente, sino que también optimiza la cadena de suministro al minimizar el inventario (Raut et al., 2020).

Además, la personalización masiva puede llevar a una mayor innovación en el desarrollo de productos. Al permitir que los consumidores participen en el proceso de diseño, las empresas pueden obtener información valiosa sobre lo que realmente desean. Esta co-creación no solo mejora la calidad del producto final, sino que también crea un sentido de pertenencia entre los consumidores, quienes se sienten más conectados a la marca. La retroalimentación directa de los clientes puede impulsar un ciclo continuo de innovación y mejora (Bai et al., 2019).

Sin embargo, la implementación de la personalización masiva también plantea desafíos significativos. Las organizaciones deben asegurarse de que sus sistemas de gestión sean lo suficientemente robustos para manejar la complejidad que conlleva personalizar productos en gran escala. Esto implica no solo la integración de tecnologías avanzadas, sino también la capacitación de la fuerza laboral para que pueda gestionar estos procesos (Kusiak, 2018). Sin una planificación adecuada, las empresas pueden enfrentar dificultades que limitan su capacidad para ofrecer personalización de manera efectiva.

La experiencia del cliente es otro aspecto crucial en la personalización masiva. Las empresas deben centrarse en cómo se perciben estas opciones personalizadas por parte del consumidor. La facilidad de uso de las plataformas de personalización, así como la claridad en la comunicación de las opciones disponibles, son factores que pueden influir en la decisión de compra. Una experiencia de usuario intuitiva y atractiva puede aumentar significativamente la tasa de conversión y la satisfacción del cliente (Chae, 2019).

Finalmente, la personalización masiva no solo se trata de satisfacer las demandas de los consumidores, sino también de hacerlo de manera sostenible. Las organizaciones deben considerar el impacto ambiental de la producción de productos personalizados. A través de la utilización de tecnologías de producción eficientes y materiales sostenibles, las empresas pueden no solo cumplir con las expectativas de personalización de los consumidores, sino también hacerlo de una manera que minimice su huella ecológica (Raut et al., 2020). De esta manera, la personalización masiva se convierte en una estrategia que no solo beneficia a los consumidores, sino que también promueve prácticas empresariales responsables y sostenibles.

Aplicación Estratégica de la Tecnología

La aplicación estratégica de tecnologías de la Industria 4.0 (I 4.0) proporciona una base sólida para la diferenciación o liderazgo en costos, lo que permite a las empresas competir de manera más eficiente en el mercado. A medida que las organizaciones adoptan tecnologías avanzadas, pueden optimizar sus procesos y mejorar la calidad de sus productos, lo que resulta en una propuesta de valor más atractiva para los consumidores. Este enfoque no solo mejora la eficiencia operativa, sino que también abre nuevas oportunidades para innovar en productos y servicios (Kamble et al., 2020).

Una de las claves para desarrollar una ventaja competitiva sostenible es la creación de capacidades tecnológicas únicas que sean difíciles de replicar por los competidores. Las inversiones en tecnologías como la inteligencia artificial, el aprendizaje automático y la automatización de procesos permiten a las organizaciones no solo mejorar su eficiencia, sino también ofrecer productos y servicios que se adapten a las necesidades específicas de sus clientes. Esta personalización y flexibilidad en la oferta son factores críticos que pueden diferenciar a una empresa en un mercado saturado (Chae, 2019).

Además, la recopilación y análisis de datos en tiempo real permiten a las empresas tomar decisiones más informadas y ágiles. Al utilizar tecnologías de análisis avanzado, las organizaciones pueden identificar tendencias emergentes y responder rápidamente a las cambiantes demandas del mercado. Esto no solo mejora la capacidad de adaptación, sino que también fomenta una cultura organizacional que valora la agilidad y la innovación continua (Waller & Fawcett, 2014). Las empresas que logran integrar estos datos en su estrategia pueden anticipar las necesidades de los clientes y ajustar sus operaciones en consecuencia.

La aplicación estratégica de la tecnología también implica evaluar regularmente las estrategias para garantizar que estén alineadas con las tendencias del mercado y las expectativas de los clientes. Las organizaciones deben establecer mecanismos de retroalimentación que les permitan medir la efectividad de sus iniciativas tecnológicas y realizar ajustes oportunos. Esta evaluación continua es crucial para mantenerse relevante en un entorno empresarial que cambia rápidamente (Porter & Kramer, 2011).

Además, las organizaciones deben considerar el impacto de las tecnologías en sus cadenas de suministro. La I 4.0 permite una mayor visibilidad y trazabilidad, lo que puede resultar en una gestión más eficiente de los recursos y una reducción de costos. Implementar tecnologías como el Internet de las Cosas (IoT) en la cadena de suministro permite a las empresas monitorizar en tiempo real el estado de los productos y optimizar los procesos logísticos, lo que contribuye a una mayor eficiencia y reducción de desperdicios (Hazen et al., 2014).

La formación y el desarrollo de la mano de obra también son componentes esenciales de la aplicación estratégica de la tecnología. Las organizaciones deben invertir en capacitación para equipar a sus empleados con las habilidades necesarias para operar y gestionar las nuevas tecnologías. Esto no solo mejora la capacidad de la fuerza laboral, sino que también fomenta una cultura de aprendizaje continuo que es vital para la innovación y la adaptación en un entorno tecnológico en constante evolución (Kusiak, 2018).

Asimismo, la colaboración con socios estratégicos y tecnológicos puede ser un factor decisivo para el éxito de la aplicación de I 4.0. Trabajar junto a proveedores y plataformas de tecnología permite a las organizaciones acceder a conocimientos y recursos que pueden acelerar la adopción de nuevas tecnologías. Esta colaboración también puede facilitar el intercambio de mejores prácticas y la creación de soluciones innovadoras que beneficien a todas las partes involucradas (Raut et al., 2020).

La sostenibilidad es otro aspecto importante que debe considerarse en la aplicación estratégica de la tecnología. Las organizaciones que implementan prácticas sostenibles en sus operaciones no solo cumplen con las expectativas de los consumidores, sino que también pueden reducir costos y mejorar su imagen de marca. La integración de tecnologías que optimizan el uso de recursos y minimizan el impacto ambiental puede ser una ventaja competitiva significativa en la actual economía consciente del medio ambiente (Bai et al., 2019).

Finalmente, la cultura organizacional juega un papel crucial en la efectividad de la aplicación estratégica de la tecnología. Fomentar un ambiente que valore la innovación y el cambio puede facilitar la adopción de nuevas tecnologías y el logro de los objetivos estratégicos. Las empresas que promueven la experimentación y la apertura al cambio están mejor posicionadas para aprovechar las oportunidades que presenta la I 4.0 y, en última instancia, asegurar su éxito a largo plazo en un mercado en constante transformación (Kamble et al., 2020).

En resumen, la aplicación estratégica de tecnologías I 4.0 no solo proporciona una ventaja competitiva sostenible, sino que también permite a las organizaciones adaptarse a un entorno empresarial en constante cambio. Al integrar estas tecnologías en sus operaciones y estrategias, las empresas pueden optimizar su rendimiento, satisfacer las demandas del cliente y prepararse para el futuro.

CAPITULO 4

EDUCACIÓN CAPACITACIÓN

Capítulo 4: La Educación y Capacitación en la Era de la Industria 4.0

La educación y la formación en la era de la Industria 4.0 están en un proceso de transformación crucial, donde los marcos educativos y programas de capacitación deben adaptarse para preparar a las personas para una fuerza laboral en rápida evolución. La Cuarta Revolución Industrial, caracterizada por la integración de tecnologías avanzadas como la inteligencia artificial (IA), la Internet de las Cosas (IdC) y la robótica, requiere una reevaluación de las metodologías educativas tradicionales. Este cambio es esencial para abordar la creciente brecha de habilidades en áreas críticas como la alfabetización digital, el pensamiento crítico y la resolución de problemas, que son fundamentales en una economía cada vez más digital e interconectada (Kamble et al., 2020).

Las instituciones educativas están adoptando enfoques pedagógicos innovadores, como la Educación 4.0, que pone énfasis en el aprendizaje experiencial, los estudios interdisciplinarios y la integración tecnológica. Estas estrategias buscan desarrollar competencias necesarias para el éxito en un entorno laboral moderno, reflejando la importancia de la educación como un motor de competitividad económica y progreso social. Sin embargo, la transición hacia estos nuevos modelos enfrenta desafíos significativos, incluyendo la resistencia al cambio en los sistemas educativos y la falta de alineación entre los planes de estudio y las necesidades de la industria (Chae, 2019).

La brecha digital se erige como un obstáculo relevante, limitando el acceso a la tecnología y a recursos educativos para poblaciones desfavorecidas, especialmente tras la pandemia de COVID-19. Para superar estos retos, es crucial fomentar la colaboración continua entre instituciones educativas y partes interesadas de la industria. Esta cooperación garantizará que los programas de capacitación se mantengan pertinentes y eficaces, preparando a los estudiantes para los desafíos futuros (Bai et al., 2019). En resumen, el panorama educativo de la era de la Industria 4.0 representa una intersección vital entre tecnología y aprendizaje, impulsando un cambio de paradigma que busca dotar a los estudiantes de las habilidades necesarias para prosperar en un mundo automatizado e impulsado por datos.

Impactos en la Educación

La aparición de la Industria 4.0 tiene profundas implicaciones para la educación, lo que exige un cambio de paradigma en las metodologías de enseñanza y aprendizaje. Este fenómeno, caracterizado por la integración de tecnologías avanzadas como la inteligencia artificial, la robótica y el Internet de las Cosas, está transformando no solo la forma en que se producen bienes y servicios, sino también cómo se enseña y se aprende. A medida que la tecnología evoluciona, la brecha entre las prácticas educativas tradicionales y las habilidades demandadas en la fuerza laboral se amplía, especialmente en áreas como el pensamiento crítico, la creatividad y la competencia tecnológica (Kusiak, 2018).

Uno de los principales desafíos que enfrenta la educación en la era de la Industria 4.0 es la necesidad de actualizar los planes de estudio para alinearlos con las competencias requeridas en el mercado laboral. Las instituciones educativas deben adoptar enfoques pedagógicos que integren la tecnología y fomenten el aprendizaje activo. Esto implica no solo la incorporación de herramientas digitales, sino también la creación de entornos de aprendizaje que promuevan la colaboración y la innovación (Chae, 2019). La educación debe evolucionar hacia un modelo que prepare a los estudiantes para resolver problemas complejos y adaptarse a un entorno laboral en constante cambio.

Además, la brecha digital representa un obstáculo significativo en la implementación de estas nuevas metodologías. Muchas poblaciones, especialmente en áreas rurales o desfavorecidas, carecen de acceso a la tecnología necesaria para participar plenamente en la educación moderna. Esto no solo limita las oportunidades de aprendizaje, sino que también perpetúa las desigualdades existentes en el acceso a la educación de calidad (Bai et al., 2019). Por lo tanto, es crucial que las políticas educativas incluyan estrategias para cerrar esta brecha y garantizar que todos los estudiantes tengan acceso a las herramientas y recursos necesarios.

La colaboración entre instituciones educativas y la industria es fundamental para asegurar que los programas de formación se mantengan relevantes y eficaces. Esta cooperación puede manifestarse en la creación de programas de pasantías, proyectos conjuntos y el desarrollo de currículos que reflejen las necesidades del mercado laboral (Raut et al., 2020). Al trabajar en conjunto, las instituciones educativas pueden adaptar sus ofertas para preparar a los estudiantes no solo con conocimientos teóricos, sino también con habilidades prácticas que sean directamente aplicables en el entorno laboral.

Asimismo, es esencial que los docentes reciban formación continua en competencias digitales y metodologías pedagógicas innovadoras. La capacitación de los educadores es un componente clave para la implementación exitosa de reformas educativas en la era de la

Industria 4.0. Los docentes deben estar equipados no solo con conocimientos técnicos, sino también con habilidades para fomentar un aprendizaje crítico y creativo entre sus estudiantes (Waller & Fawcett, 2014). Esto incluye la capacidad de utilizar tecnologías emergentes en el aula y de guiar a los estudiantes en el desarrollo de habilidades interpersonales y de resolución de problemas.

Finalmente, la investigación y la innovación deben ser pilares en la educación contemporánea. Las instituciones educativas deben comprometerse a investigar continuamente las mejores prácticas y a adaptar sus enfoques en función de las tendencias emergentes en la tecnología y el mercado laboral. Esto no solo asegurará que los programas educativos sean pertinentes, sino que también permitirá a los estudiantes desarrollar una mentalidad de aprendizaje continuo, esencial en un mundo laboral que cambia rápidamente (Kamble et al., 2020).

Reformas y Marcos Educativos

Para abordar la disparidad entre las habilidades requeridas en el mercado laboral y las que se enseñan en las instituciones educativas, es fundamental diseñar marcos educativos que se alineen con las necesidades de un entorno laboral en constante evolución. La Industria 4.0 ha transformado no solo los procesos productivos, sino también las competencias necesarias para los trabajadores. Por lo tanto, los marcos educativos deben adaptarse para incorporar habilidades como la alfabetización digital, el pensamiento crítico y la capacidad de resolución de problemas, que son esenciales en un contexto laboral altamente automatizado y tecnológico (Kamble et al., 2020).

Además, estos marcos deben promover el desarrollo científico y ético, asegurando que los estudiantes no solo sean competentes en habilidades técnicas, sino también en valores éticos que guíen su comportamiento profesional. La educación debe fomentar una mentalidad crítica que permita a los estudiantes cuestionar, investigar y tomar decisiones informadas. Esto es especialmente relevante en un mundo donde la información es abundante pero no siempre precisa, lo que exige a los futuros profesionales discernir entre diferentes fuentes y perspectivas (Chae, 2019).

La integración de componentes de la Educación 4.0 es crucial para preparar a los estudiantes para los desafíos del futuro. Esto implica adoptar metodologías de enseñanza que promuevan el aprendizaje colaborativo y la experiencia práctica, en lugar de depender únicamente de la enseñanza tradicional basada en conferencias. La utilización de tecnologías emergentes, como la realidad aumentada y la simulación digital, puede enriquecer el proceso educativo, ofreciendo a los estudiantes oportunidades para interactuar con el contenido de manera más dinámica y efectiva (Waller & Fawcett, 2014).

Los Objetivos de Desarrollo Sostenible (ODS), y en particular el ODS 4, subrayan la necesidad de una educación inclusiva y equitativa de calidad. Este objetivo se ha vuelto aún más urgente tras la pandemia de COVID-19, que exacerbó las desigualdades existentes en el acceso a la educación. La crisis sanitaria ha puesto de manifiesto que las instituciones educativas deben ser resilientes y capaces de adaptarse a situaciones adversas, garantizando que todos los estudiantes, independientemente de su contexto socioeconómico, tengan acceso a oportunidades de aprendizaje de calidad (UNESCO, 2020).

Para lograr estas reformas educativas, es esencial fomentar la colaboración entre instituciones educativas, gobiernos y sectores industriales. Esta cooperación puede facilitar el desarrollo de currículos que reflejen las tendencias emergentes en el mercado laboral y asegurarse de que los estudiantes estén equipados con las habilidades necesarias para prosperar en un entorno laboral en constante cambio. Además, la formación continua de los docentes en nuevas tecnologías y pedagogías es vital para asegurar que puedan implementar estas reformas de manera efectiva (Raut et al., 2020). La educación del futuro debe ser un esfuerzo conjunto que prepare a las nuevas generaciones para enfrentar los desafíos de la era digital.

Integración de la Tecnología

La incorporación de tecnología en los entornos educativos es fundamental para preparar a los estudiantes para los desafíos de la Industria 4.0. La rápida evolución tecnológica exige que las instituciones educativas transformen sus métodos de enseñanza y aprendizaje. Esto incluye la implementación de herramientas digitales y analíticas que no solo mejoren la experiencia educativa, sino que también permitan a los educadores monitorear y predecir los resultados de los estudiantes con mayor precisión (Kamble et al., 2020). Esta integración tecnológica puede facilitar un aprendizaje más adaptado a las necesidades individuales, promoviendo un enfoque más personalizado.

Uno de los recursos más destacados en la educación moderna son los cursos masivos abiertos en línea (MOOC). Estos cursos permiten que miles de estudiantes accedan a contenido educativo de alta calidad desde cualquier lugar del mundo, rompiendo las barreras geográficas y económicas. Según Hazen et al. (2014), los MOOC no solo benefician a los estudiantes, sino también a los educadores, quienes pueden actualizar sus conocimientos y habilidades a través de plataformas que ofrecen formación continua. Esta accesibilidad es crucial en un mundo donde la educación debe ser inclusiva y equitativa.

Además de los MOOC, la tecnología puede facilitar el uso de plataformas de gestión del aprendizaje (LMS), que permiten a los educadores organizar y distribuir contenido, así como interactuar con los estudiantes de manera más efectiva. Estas plataformas pueden incluir herramientas de análisis que proporcionan datos sobre el rendimiento de los estudiantes, lo que ayuda a identificar áreas de mejora y a adaptar la enseñanza en consecuencia (Waller & Fawcett, 2014). La capacidad de realizar un seguimiento del progreso del estudiante en tiempo real es una ventaja significativa que ofrece la tecnología en la educación.

Las prácticas pedagógicas también deben evolucionar para incorporar habilidades de aprendizaje activo, que son esenciales para preparar a los estudiantes para la fuerza laboral moderna. El aprendizaje activo implica que los estudiantes participen de manera activa en su proceso de aprendizaje, a través de métodos como el aprendizaje basado en proyectos, discusiones en grupo y simulaciones. Este enfoque fomenta no solo la adquisición de conocimientos, sino también el desarrollo de competencias interpersonales y de resolución de problemas (Kusiak, 2018).

El pensamiento crítico, una habilidad cada vez más demandada en el entorno laboral, también debe ser un componente integral de la educación moderna. La tecnología puede facilitar este desarrollo al proporcionar a los estudiantes acceso a una amplia gama de información y recursos. Sin embargo, es responsabilidad de los educadores guiar a los estudiantes en la evaluación crítica de esta información, ayudándoles a discernir entre fuentes confiables y no confiables (Bai et al., 2019). Fomentar el pensamiento crítico es esencial para preparar a los estudiantes para enfrentar los complejos desafíos que presenta la era digital.

La gamificación es otra estrategia que puede integrarse en el aprendizaje para aumentar la motivación y el compromiso de los estudiantes. Al incorporar elementos de juego en el proceso educativo, como puntos, niveles y recompensas, se puede transformar la experiencia de aprendizaje en algo más atractivo y dinámico. Esta metodología no solo mejora la retención del conocimiento, sino que también promueve el trabajo en equipo y la competencia sana entre los estudiantes (Raut et al., 2020).

Asimismo, la realidad aumentada (RA) y la realidad virtual (RV) están emergiendo como herramientas poderosas en la educación, ofreciendo experiencias inmersivas que pueden enriquecer el aprendizaje. Estas tecnologías permiten a los estudiantes explorar conceptos complejos de manera visual y práctica, facilitando la comprensión de temas que de otro modo podrían resultar abstractos. Por ejemplo, en campos como la medicina o la ingeniería, la RA y la RV pueden simular situaciones del mundo real, brindando a los estudiantes la oportunidad de practicar y aprender en un entorno seguro (Chae, 2019).

Sin embargo, la integración de tecnología en la educación no está exenta de desafíos. Uno de los principales obstáculos es la brecha digital, que limita el acceso a la tecnología para muchas poblaciones. La pandemia de COVID-19 ha puesto de relieve estas desigualdades, mostrando que no todos los estudiantes tienen acceso a dispositivos adecuados o a una conexión a Internet confiable. Para que la integración tecnológica sea efectiva, es fundamental que se implementen políticas que garanticen el acceso equitativo a recursos tecnológicos (UNESCO, 2020).

Finalmente, la formación continua de los docentes en el uso de nuevas tecnologías es esencial para el éxito de estas iniciativas. Los educadores deben recibir capacitación no solo en el uso de herramientas tecnológicas, sino también en cómo integrarlas eficazmente en sus prácticas pedagógicas. Esto implica desarrollar una comprensión sólida de cómo la tecnología puede ser utilizada para mejorar el aprendizaje y la enseñanza, así como mantenerse al día con las tendencias emergentes en edtech (Kusiak, 2018).

En conclusión, la integración de la tecnología en la educación es un proceso esencial que puede transformar la manera en que se enseña y se aprende. Mediante la implementación de herramientas digitales, el fomento del aprendizaje activo y el pensamiento crítico, y la atención a la equidad en el acceso, las instituciones educativas pueden preparar a los estudiantes para prosperar en un entorno laboral en constante cambio. La colaboración entre educadores, instituciones y la industria será clave para asegurar que estas reformas sean efectivas y sostenibles en el tiempo.

Enfoques Interdisciplinarios

La llegada de la Industria 4.0 ha transformado la naturaleza del trabajo, lo que requiere que las instituciones educativas adopten enfoques interdisciplinarios en sus programas. Este enfoque se basa en la integración de diferentes disciplinas para preparar a los estudiantes para entornos laborales que son cada vez más colaborativos e innovadores. Al diseñar programas que cruzan las fronteras tradicionales del conocimiento, se ofrece a los estudiantes la oportunidad de desarrollar un conjunto de habilidades más amplio y relevante, alineado con las demandas del mercado laboral moderno (Kamble et al., 2020).

Uno de los principales beneficios de los enfoques interdisciplinarios es la capacidad de fomentar el pensamiento crítico y la creatividad. En un mundo donde los problemas son complejos y multifacéticos, los estudiantes necesitan aprender a abordar desafíos desde múltiples perspectivas. Al combinar conocimientos de diversas áreas, como la ingeniería, la informática, las ciencias sociales y el arte, los estudiantes pueden desarrollar soluciones innovadoras y efectivas que no serían posibles desde una sola disciplina (Raut et al., 2020). Esta integración no solo prepara a los estudiantes para resolver problemas específicos, sino que también les da las herramientas necesarias para adaptarse a situaciones cambiantes en el futuro.

Además, la colaboración entre diferentes disciplinas puede enriquecer el proceso educativo al permitir que los estudiantes trabajen en proyectos reales que reflejan los desafíos que enfrentarán en el mundo laboral. Por ejemplo, un equipo compuesto por estudiantes de ingeniería, diseño gráfico y marketing podría trabajar juntos en el desarrollo de un producto, aprendiendo a comunicar sus ideas y a integrar sus diferentes habilidades en un resultado cohesivo. Este tipo de experiencia práctica no solo refuerza el aprendizaje académico, sino que también facilita el desarrollo de competencias interpersonales, como la comunicación y el trabajo en equipo, que son esenciales en el entorno laboral actual (Kusiak, 2018).

Por último, es esencial que las instituciones educativas fomenten una cultura que valore y promueva la interdisciplinariedad. Esto implica no solo la creación de currículos integradores, sino también la capacitación de docentes para que puedan enseñar en contextos interdisciplinarios y la creación de espacios colaborativos que faciliten el intercambio de ideas entre estudiantes de diferentes disciplinas (Chae, 2019). Al hacer de la interdisciplinariedad una prioridad, las instituciones educativas no solo preparan a los estudiantes para el éxito en un mundo digital e interconectado, sino que también contribuyen al desarrollo de una fuerza laboral más innovadora y adaptable.

Enfoques de Capacitación

Los programas de capacitación diseñados para la Industria 4.0 se centran en la accesibilidad y la flexibilidad, elementos críticos para abordar las diversas necesidades de estudiantes y educadores en un entorno laboral en constante cambio. En este contexto, es esencial que los programas no solo ofrezcan contenido teórico, sino que también proporcionen experiencias prácticas que permitan a los estudiantes aplicar lo aprendido en situaciones del mundo real. Esta combinación de teoría y práctica es fundamental para garantizar que los estudiantes estén completamente preparados para enfrentar los desafíos que presenta la Cuarta Revolución Industrial (Kamble et al., 2020).

Una de las estrategias más efectivas para lograr esta accesibilidad y flexibilidad es el uso de plataformas digitales que alberguen recursos de aprendizaje. Estos portales de información pueden incluir materiales de instrucción, tutoriales en video, foros de discusión y ejercicios interactivos, permitiendo a los estudiantes acceder a una variedad de recursos que se adaptan a sus estilos de aprendizaje individuales. Además, estas plataformas pueden facilitar la personalización del aprendizaje, permitiendo que los estudiantes avancen a su propio ritmo y profundicen en áreas de interés particular (Hazen et al., 2014).

Para facilitar el aprendizaje práctico, es crucial que los programas de capacitación integren software industrial y herramientas tecnológicas que simulen escenarios del mundo real. Esto puede incluir el uso de simuladores, programas de diseño asistido por computadora (CAD) y plataformas de análisis de datos. Estas herramientas no solo mejoran la comprensión de conceptos complejos, sino que también permiten a los estudiantes adquirir habilidades técnicas que son altamente valoradas en el mercado laboral (Kusiak, 2018). La experiencia práctica en el uso de estas tecnologías prepara a los estudiantes para trabajar con los sistemas que encontrarán en sus futuras carreras.

Además, la colaboración con socios educativos y la participación en iniciativas como WorldSkills son componentes esenciales de estos programas de capacitación. Estas asociaciones permiten a los educadores y estudiantes acceder a recursos adicionales y oportunidades de networking, además de proporcionar experiencias de aprendizaje prácticas que son difíciles de replicar en un aula tradicional. WorldSkills, por ejemplo, organiza competencias que desafían a los estudiantes a demostrar sus habilidades en un entorno competitivo y colaborativo, lo que les da una valiosa experiencia en la aplicación de sus conocimientos (Raut et al., 2020).

La formación continua de instructores también es un aspecto vital en el diseño de programas de capacitación efectivos. Los educadores deben recibir capacitación en las últimas tecnologías y metodologías pedagógicas para poder guiar a los estudiantes de manera efectiva. Esto implica no solo familiarizarse con nuevas herramientas y enfoques, sino también entender cómo integrar estas tecnologías en su enseñanza diaria para maximizar el aprendizaje de los estudiantes (Chae, 2019). La capacitación profesional continua asegura que los instructores permanezcan actualizados y puedan ofrecer una educación de calidad.

Además, la evaluación constante y el ajuste de los programas de capacitación son cruciales para su efectividad. Es importante que las instituciones educativas recojan feedback de los estudiantes y de la industria para identificar áreas de mejora y adaptarse a las cambiantes demandas del mercado laboral. Esto puede incluir encuestas, entrevistas y análisis de desempeño, que ayudarán a los educadores a ajustar sus métodos de enseñanza y a actualizar el contenido de los programas según sea necesario (Bai et al., 2019).

Finalmente, la creación de una cultura de aprendizaje colaborativo dentro de los programas de capacitación puede enriquecer aún más la experiencia educativa. Fomentar el trabajo en equipo y el intercambio de ideas entre estudiantes de diferentes disciplinas no solo mejora las habilidades interpersonales, sino que también promueve la innovación y la creatividad. Al trabajar juntos en proyectos y desafíos, los estudiantes pueden aprender de las experiencias y perspectivas de los demás, lo que los prepara mejor para el trabajo en un entorno profesional diverso y dinámico (Kamble et al., 2020).

Orientaciones Futuras

A medida que las industrias evolucionan en respuesta a las demandas de la Industria 4.0, la necesidad de que la fuerza laboral adapte sus habilidades se vuelve cada vez más urgente. La automatización y las tecnologías emergentes están transformando la naturaleza del trabajo, lo que implica que muchas habilidades tradicionales pueden volverse obsoletas. Sin embargo, a pesar de esta automatización, hay sectores que seguirán demandando mano de obra calificada, como la construcción, el mantenimiento y la fabricación. Esta tendencia presenta oportunidades valiosas para que los trabajadores mejoren sus habilidades y se preparen para roles que continuarán siendo relevantes en el futuro (Raut et al., 2020).

Uno de los sectores que se beneficiará considerablemente de este cambio es el de la construcción. La implementación de tecnologías como los drones, la modelación de información de construcción (BIM) y la impresión 3D está revolucionando la forma en que se planifican y ejecutan los proyectos. Estos avances no solo aumentan la eficiencia, sino que también requieren un nuevo conjunto de habilidades para su operación y mantenimiento. Por lo tanto, es esencial que los programas de capacitación y educación en este sector se actualicen para incluir estas tecnologías emergentes, preparando a los trabajadores para roles que no solo sean técnicos, sino también estratégicos (Kusiak, 2018).

En el ámbito del mantenimiento, la digitalización de los equipos y la implementación de tecnologías de monitoreo en tiempo real están cambiando la forma en que se lleva a cabo el mantenimiento preventivo y predictivo. Los técnicos de mantenimiento ahora deben ser capaces de interpretar datos analíticos y trabajar con sistemas automatizados. Esto implica que las instituciones educativas deben ofrecer programas que combinen formación técnica con habilidades analíticas y de resolución de problemas, preparando a los estudiantes para desempeñarse en un entorno cada vez más digitalizado (Hazen et al., 2014).

La fabricación también está experimentando una transformación significativa, impulsada por la adopción de tecnologías como la robótica colaborativa y la inteligencia artificial. A medida que estas tecnologías se integran en las líneas de producción, los trabajadores necesitarán adquirir habilidades que les permitan interactuar y trabajar junto a máquinas avanzadas. Esto no solo implica habilidades técnicas, sino también la capacidad de adaptarse a un entorno de trabajo que puede cambiar rápidamente. La formación continua y el reciclaje profesional serán clave para mantener a la fuerza laboral actualizada y competitiva en este sector (Kamble et al., 2020).

Además, el enfoque en la sostenibilidad y la responsabilidad social corporativa está creando nuevas oportunidades en sectores que antes no se consideraban. Por ejemplo, el desarrollo de tecnologías limpias y prácticas de fabricación sostenibles está generando una demanda de trabajadores con habilidades en estas áreas. Las instituciones educativas deben reconocer esta tendencia y desarrollar programas que preparen a los estudiantes para trabajar en un futuro que priorice la sostenibilidad, lo que a su vez puede ayudar a cerrar la brecha entre la educación y las necesidades del mercado laboral (Bai et al., 2019).

Finalmente, es crucial que las políticas educativas y laborales se alineen para facilitar la transición hacia una fuerza laboral adaptativa y bien preparada. Esto incluye la colaboración entre gobiernos, instituciones educativas y la industria para desarrollar programas que respondan a las necesidades emergentes del mercado laboral. Además, se debe promover una cultura de aprendizaje permanente, donde los trabajadores sientan que pueden actualizar sus habilidades a lo largo de sus carreras.

Referencias

Adame, T., Bel, A., Bellalta, B., Barcelo, J., Oliver, M., & Almirall, A. (2019). Increasing LPWAN scalability by means of concurrent multiband IoT technologies: An industry 4.0 use case. IEEE Access, 7, 46990-47010. https://doi.org/10.1109/ACCESS.2019.2909608

Agrawal, M., Eloot, K., Mancini, M., & Patel, A. (2020, July 29). Industry 4.0: Reimagining manufacturing operations after COVID-19. McKinsey & Company. https://www.mckinsey.com/capabilities/operations/our-insights/industry-40-reimagining-manufacturing-operations-after-covid-19

Alaloul, W. S., Liew, M. S., Zawawi, N. A. W. A., & Kennedy, I. B. (2019). Industry revolution IR 4.0: Future opportunities and challenges in the construction industry. MATEC Web of Conferences, 203, 1-7. https://doi.org/10.1051/matecconf/201820302001

Ateam_Admin. (2024, May 23). IoT in manufacturing industry: Transforming the way we make things » A-Team Global. A-Team Global. https://a-team.global/blog/iot-in-manufacturing-industry/

Bai, C., Sarkis, J., & Wang, Z. (2019). Green supply chain management in the context of Industry 4.0: A review and future research directions. Journal of Cleaner Production, 230, 1053-1068. https://doi.org/10.1016/j.jclepro.2019.05.279

Bennett, D., Desai, M., & Yeandle, D. (2017). Industry 4.0: Skills and training for the future workforce. International Journal of Engineering Education, 33(6), 1984-1992.

Bessant, J., & Tidd, J. (2015). Innovation and entrepreneurship. Wiley.

Bonilla, S., Silva, H., Da Silva, M. T., Gonçalves, R. F., & Sacomano, J. (2018). Industry 4.0 and Sustainability Implications: A Scenario-Based Analysis of the Impacts and challenges. Sustainability, 10(10), 3740. https://doi.org/10.3390/su10103740

Briceño, G., V. (2021, December 2). First Industrial Revolution | What it was, history, stages, causes, consequences. Euston96. https://www.euston96.com/en/first-industrial-revolution/

Brook, J. (n.d.). How Industry 4.0 Technologies can drive Manufacturing Productivity Growth. FourJaw Manufacturing Analytics Ltd. https://fourjaw.com/blog/how-industry-4.0-technologies-can-drive-manufacturing-productivity-growth

Büyüközkan, G., & Göçer, F. (2018). Digital supply chain: A systematic review and future research directions. Computers in Industry, 101, 16-32. https://doi.org/10.1016/j.compind.2018.04.017

Cambios de la Educación Técnica para la Industria 4.0 – TEKLATAM. (n.d.). TEKLATAM. https://teklatam.com/cambios-de-la-educacion-tecnica-con-miras-a-la-industria-4-0/

Chae, B. (2019). Supply chain management and the Industry 4.0: A review and research agenda. International Journal of Production Economics, 210, 1-13. https://doi.org/10.1016/j.ijpe.2019.01.007

Chae, B. (2019). Supply chain management and the Industry 4.0: A review and research agenda. International Journal of Production Economics, 210, 1-13. https://doi.org/10.1016/j.ijpe.2019.01.007

Choudhury, M., Paul, R., & Islam, M. S. (2019). Predictive analytics in supply chain management: A review. The International Journal of Logistics Management, 30(3), 785-804. https://doi.org/10.1108/IJLM-05-2018-0131

Copper Digital, Inc. (2023, May 4). The Future is Here: How Robotics is Driving Industry 4.0 Objectives. Copper Digital. https://copperdigital.com/blog/role-of-robotics-in-achieving-industry-4-0-objectives/

Cristina. (2021). Industria 4.0: la revolución digital en los procesos de producción. Geniotic Solutions. https://geniotic.es/industria-4-0/

Davenport, T. H. (2013). Analytics at work: Smarter decisions, better outcomes. Harvard Business Review Press.

Ejsmont, K., Gladysz, B., & Kluczek, A. (2020). Impact of Industry 4.0 on Sustainability—Bibliometric Literature Review. Sustainability, 12(14), 5650. https://doi.org/10.3390/su12145650

Encyclopedia 1080. (n.d.). [Video]. https://www.encyclopedia.com/history/encyclopedias-almanacs-transcripts-and-maps/industrial-revolution-second

Factory of the Future: How Industry 4.0 and AI Can Transform manufacturing. (2023, December 20). Bain. https://www.bain.com/insights/factory-of-the-future-how-industry-4-0-and-ai-can-transform-manufacturing/

Forces of change: Industry 4.0. (n.d.). Deloitte Insights. https://www2.deloitte.com/us/en/insights/focus/industry-4-0/overview.html

Future of industry 4.0. (n.d.). https://storm.genie.stanford.edu/article/future-of-industry-4.0-262292

Garbie, I. H. (2017). Incorporating sustainability/sustainable development concepts in teaching industrial systems design courses. Procedia Manufacturing, 8, 417-423. https://doi.org/10.1016/j.promfg.2017.02.054

Geissdoerfer, M., Savaget, P., Bocken, N. M. P., & Hultink, E. J. (2018). The circular economy – A new sustainability paradigm? Journal of Cleaner Production, 143, 757-768. https://doi.org/10.1016/j.jclepro.2016.12.048

González, A., Arenas-Márquez, F. J., & Perales, F. J. (2020). Industry 4.0 and the impact on supply chain management: A literature review. IEEE Access, 8, 124633-124646. https://doi.org/10.1109/ACCESS.2020.3003442

Hadnagy, C. (2018). Social engineering: The science of human hacking. Wiley.

Haseeb, M., Hussain, H. I., Ślusarczyk, B., & Jermsittiparsert, K. (2019). Industry 4.0: A solution towards technology challenges of sustainable business performance. Social Sciences, 8(5), 154. https://doi.org/10.3390/socsci8050154

Hashemi-Pour, C., Daniel, D., & Posey, B. (2024, May 16). Industry 4.0. Search ERP. https://www.techtarget.com/searcherp/definition/Industry-40

Hazen, B. T., Boone, C. A., Ezell, J. D., & Jones-Farmer, L. A. (2014). Data quality for data science, predictive analytics, and big data in supply chain management: An introduction to the problem and suggestions for research and applications. International Journal of Production Economics, 154, 72-80. https://doi.org/10.1016/j.ijpe.2014.04.018

Hazen, B. T., Boone, C. A., Ezell, J. D., & Jones-Farmer, L. A. (2014). Data quality for data science, predictive analytics, and big data in supply chain management: An introduction to the problem and suggestions for research and applications. International Journal of Production Economics, 154, 72-80. https://doi.org/10.1016/j.ijpe.2014.04.018

Ibm. (2024, 29 agosto). Industry 4.0. What is Industry 4.0? | IBM. https://www.ibm.com/topics/industry-4-0

Immerman, G. (2024, August 14). Emerging Industry 4.0 technologies with Real-World Examples. MachineMetrics. https://www.machinemetrics.com/blog/industry-4-0-technologies

Impacto y beneficios de la Industria 4.0 en la cadena de suministro. (n.d.). https://www.blog.metalinspec.com.mx/post/impacto-y-beneficios-de-la-industria-4-0-en-la-cadena-de-suministro

India, P. (2021, September 2). Industry 4.0 and sustainable manufacturing - FutureBridge. FutureBridge. https://www.futurebridge.com/industry/perspectives-mobility/industry-4-0-and-sustainable-manufacturing/

Industry 4.0 and manufacturing ecosystems. (n.d.). Deloitte Insights. https://www2.deloitte.com/us/en/insights/focus/industry-4-0/manufacturing-ecosystems-exploring-world-connected-enterprises.html

Industry 4.0: Industrial Revolution in the heart of SDG Agenda 2030 | MIT Climate Portal. (n.d.). MIT Climate Portal. https://climate.mit.edu/posts/industry-40-industrial-revolution-heart-sdg-agenda-2030

Intelliarts. (2024, May 15). Manufacturing 4.0: Explanation & Real-World examples. Intelliarts. https://intelliarts.com/blog/manufacturing-4-0/

Jardine, A. K. S., Lin, D., & Banjevic, D. (2018). Predictive maintenance of industrial equipment. Journal of Quality in Maintenance Engineering, 24(1), 2-17. https://doi.org/10.1108/JQME-10-2016-0050

Kalsoom, T., Ahmed, S., Rafi-Ul-Shan, P. M., Azmat, M., Akhtar, P., Pervez, Z., Imran, M. A., & Ur-Rehman, M. (2021). Impact of IoT on Manufacturing Industry 4.0: A new triangular Systematic review. Sustainability, 13(22), 12506. https://doi.org/10.3390/su132212506

Kamble, S. S., Gunasekaran, A., & Sharma, R. (2020). Industry 4.0 and its impact on supply chain management: A review and future research directions. International Journal of Production Research, 58(12), 3677-3700. https://doi.org/10.1080/00207543.2020.1715092

Kamble, S. S., Gunasekaran, A., & Sharma, R. (2020). Industry 4.0 and its impact on supply chain management: A review and future research directions. International Journal of Production Research, 58(12), 3677-3700. https://doi.org/10.1080/00207543.2020.1715092

Karimireddy, T., & Zhang, S. (2017). Incorporation of timing properties into adaptive error control method for timely and reliable communication in industrial automation networks.

Systems Science & Control Engineering, 5(1), 350-360. https://doi.org/10.1080/21642583.2017.1344945

Kaur, G., & Chauhan, P. (2024). Artificial Intelligence in Industry 4.0: Legal Analysis of Data Privacy Issues with Industry Stakeholders. In Apple Academic Press eBooks (pp. 187–203). https://doi.org/10.1201/9781003414193-10

Kidwai, A. (n.d.). The Nine Pillars of Industry 4.0 - Technological Advancement. Polestarsolutions. https://www.polestarllp.com/blog/what-is-industry-40-and-its-nine-technology-pillars

Kotter, J. P. (1996). Leading change. Harvard Business Review Press.

Kumar, A., Sarkar, B., & Parveen, M. (2020). The role of chatbots in improving customer experience. Journal of Business Research, 121, 252-263. https://doi.org/10.1016/j.jbusres.2020.08.002

Kumar, S., & Singh, R. (2019). Internet of Things (IoT): A review on architecture, applications and challenges. International Journal of Computer Applications, 178(16), 1-5. https://doi.org/10.5120/ijca2019918614

Küpper, D., Lorenz, M., Knizek, C., Kuhlmann, K., Maue, A., Lässig, R., & Buchner, T. (2021, December 16). Advanced robotics in the factory of the future. BCG Global. https://www.bcg.com/publications/2019/advanced-robotics-factory-future

Kurt, R. (2019). Industry 4.0 in terms of industrial relations and its impacts on labour life. Procedia Computer Science, 158, 590-601. https://doi.org/10.1016/j.procs.2019.09.093

Kusiak, A. (2018). Smart manufacturing. International Journal of Production Research, 56(1-2), 1-10. https://doi.org/10.1080/00207543.2017.1393943

Kusiak, A. (2018). Smart manufacturing. International Journal of Production Research, 56(1-2), 1-10. https://doi.org/10.1080/00207543.2017.1393943

Lee, J., Bagheri, B., & Kao, H. A. (2014). A cyber-physical systems architecture for Industry 4.0-based manufacturing systems. Manufacturing Letters, 3, 18-23. https://doi.org/10.1016/j.mfglet.2014.12.001

Li, Q., Tang, W., & Li, Z. (2024). Leveraging Industry 4.0 for Sustainable Manufacturing: A Quantitative Analysis using FI-RST. Applied Sciences, 14(20), 9545. https://doi.org/10.3390/app14209545

Luce, R. (2020, February 10). Industry 4.0: Advanced technology creates new job opportunities. https://www.linkedin.com/pulse/industry-40-advanced-technology-creates-new-job-robert-luce

Manufacturing Industry 4.0 Technologies | Microsoft Industry. (n.d.). https://www.microsoft.com/en-us/industry/manufacturing/resources/industry-4-0-technologies

Matana, G., Dal-Fabbro, I., & Gaviraghi, G. (2020). Method to assess the adherence of internal logistics equipment to the concept of CPS for industry 4.0. International Journal of Production Economics, 228, 107845. https://doi.org/10.1016/j.ijpe.2020.107845

Mayer, C., & Oosthuizen, R. M. (2022). Sustainability in Industry 4.0 business practice: Insights from a multinational technology company. Frontiers in Sustainability, 3. https://doi.org/10.3389/frsus.2022.886986

McKinsey & Company. (2021). Cybersecurity in the age of digital transformation. McKinsey & Company.

MIT Technology Review. (2024, April 11). Taking AI to the next level in manufacturing. MIT Technology Review. https://www.technologyreview.com/2024/04/09/1090880/taking-ai-to-the-next-level-in-manufacturing/

Owen-Hill, A. (n.d.). 10 Robotics Predictions for trends that will dominate 2023. https://blog.robotiq.com/10-robotics-predictions-for-trends-that-will-dominate-2023

Porter, M. E., & Kramer, M. R. (2011). Creating shared value. Harvard Business Review, 89(1-2), 62-77.

Publishing, W. (2023, March 2). How AI serves as a cornerstone of Industry 4.0. Search Enterprise AI. https://www.techtarget.com/searchenterpriseai/feature/How-AI-serves-as-a-cornerstone-of-Industry-40

Raut, R. D., Gardas, B. B., & Jha, M. K. (2020). Industry 4.0 technologies for sustainable development: A focus on energy efficiency and performance. Journal of Cleaner Production, 258, 120-134. https://doi.org/10.1016/j.jclepro.2020.120134

Raut, R. D., Gardas, B. B., & Jha, M. K. (2020). Industry 4.0 technologies for sustainable development: A focus on energy efficiency and performance. Journal of Cleaner Production, 258, 120-134. https://doi.org/10.1016/j.jclepro.2020.120134

Rawat, G. S. (2024, June 4). Industry 4.0 explained: The 4th Industrial Revolution. Lio Blog. https://blog.lio.io/industry-4-0/

Rees, J. (2016). Industrialization and Urbanization in the United States, 1880–1929. Oxford Research Encyclopedia of American History. https://doi.org/10.1093/acrefore/9780199329175.013.327

Ricadela, A. (2023, December 19). 10 Core components of Industry 4.0. https://www.oracle.com/industrial-manufacturing/industry-4-components/

Ryalat, M., Franco, E., Elmoaqet, H., Almtireen, N., & Alrefai, G. (2024). The Integration of Advanced Mechatronic Systems into Industry 4.0 for Smart Manufacturing. Sustainability, 16(19), 8504. https://doi.org/10.3390/su16198504

Shahriar, H., Islam, M. S., Jahin, M. A., Ridoy, I. A., Prottoy, R. R., Abid, A., & Mridha, M. F. (2024). Exploring Internet of Things adoption challenges in manufacturing firms: A Delphi Fuzzy Analytical Hierarchy Process approach. PLoS ONE, 19(11), e0311643. https://doi.org/10.1371/journal.pone.0311643

Simon. (2023, December 30). 9 Smart Manufacturing Examples of Industry 4.0. Sustainability Success. https://sustainability-success.com/smart-manufacturing-examples-of-industry-4-0/

Staff. (2024, May 24). Industrial Revolutions: Summary, Causes, Consequences & Inventions - Historia Mundum. Historia Mundum. https://historiamundum.com/industrial-revolutions

Supply Chain 4.0 – the next-generation digital supply chain. (2016, October 27). McKinsey & Company. https://www.mckinsey.com/capabilities/operations/our-insights/supply-chain-40--the-next-generation-digital-supply-chain

Ta, T. (2024, October 17). IoT in manufacturing industry: applications, impacts and trends. Travancore Analytics. https://www.travancoreanalytics.com/iot-in-manufacturing-industry/

Talentedge. (n.d.). Careers: Best jobs in the era of Industry 4.0 - Talentedge. https://talentedge.com/articles/careers-best-jobs-era-industry-4-0/

The Editors of Encyclopaedia Britannica. (2024, October 5). Industrial Revolution | Definition, History, Dates, Summary, & Facts. Encyclopedia Britannica. https://www.britannica.com/event/Industrial-Revolution

The future of manufacturing: Industry 4.0 and job opportunities. (n.d.). Hire Industrial. https://hireindustrial.com/blog/the-future-of-manufacturing-industry-4-0-and-job-opportunities

Thompson, G. (n.d.). Impact on society during the Industrial Revolution. worldhistory.org.uk. https://www.worldhistory.org.uk/industrial-revolution-impact-on-society

UNESCO. (2020). Education during COVID-19 and beyond. https://en.unesco.org/covid19/educationresponse

Wadsworth, A., Mathers, K., & Gilliam, D. (2019). Development of IIoT monitoring and control security scheme for cyber-physical systems. IEEE SoutheastCon 2019 Conference Proceedings, 1-5. https://doi.org/10.1109/SoutheastCon42311.2019.9020626

Waller, M. A., & Fawcett, S. E. (2013). Data science, predictive analytics, and big data: A revolution that will transform supply chain design and management. Journal of Business Logistics, 34(2), 77-84. https://doi.org/10.1111/jbl.12010

Waller, M. A., & Fawcett, S. E. (2014). Data science, predictive analytics, and big data: A revolution that will transform supply chain design and management. Journal of Business Logistics, 35(2), 77-84. https://doi.org/10.1111/jbl.12010

Waller, M. A., & Fawcett, S. E. (2014). Data science, predictive analytics, and big data: A revolution that will transform supply chain design and management. Journal of Business Logistics, 35(2), 77-84. https://doi.org/10.1111/jbl.12010

Wang, J., & Li, D. (2018). Adaptive computing optimization in software-defined network-based industrial internet of things with fog computing. Sensors, 18(8), 1351-1360. https://doi.org/10.3390/s18072139

What are Industry 4.0, the Fourth Industrial Revolution, and 4IR? (2022, August 17). McKinsey & Company. https://www.mckinsey.com/featured-insights/mckinsey-explainers/what-are-industry-4-0-the-fourth-industrial-revolution-and-4ir

Weflio - Agencia de Marketing Digital en León. (2022). Industria 4.0: ¿Qué es y cómo se origina? ¿La conoces? Weflio.com. https://weflio.com/es/industria-4-0/

Wikipedia contributors. (2024). Industrial Revolution. Wikipedia. https://en.wikipedia.org/wiki/Industrial_Revolution

Wilde, R. (2019,). A Beginner's Guide to the Industrial Revolution. ThoughtCo. https://www.thoughtco.com/guide-to-the-industrial-revolution-1221914

Womack, J. P., & Jones, D. T. (2003). Lean thinking: Banish waste and create wealth in your corporation. Simon & Schuster.

MIX
Papier aus verantwortungsvollen Quellen
Paper from responsible sources
FSC® C105338

Printed by Books on Demand GmbH, Norderstedt / Germany